总体国家安全观系列丛书

历史与国家安全
History and National Security

总体国家安全观研究中心　著
中国现代国际关系研究院

时事出版社
北京

编委会主任

袁 鹏

编委会成员

袁 鹏　傅梦孜　冯仲平

胡继平　张 力

主 编

王 珊

撰稿人

王 珊　王 磊　田文林

江 涌　李 伟　杨 霄

骆永昆　秦 天　赖婧颖

总体国家安全观
系列丛书

《历史与国家安全》
分册

总 序

总序

一

摆在读者面前的这套丛书，名为"总体国家安全观系列丛书"，共六册。分别是《地理与国家安全》《历史与国家安全》《文化与国家安全》《生物安全与国家安全》《大国兴衰与国家安全》《百年变局与国家安全》。

我们试图以一种通俗而不失学术、鲜活而不失严肃的方式，让读者走进国家安全这个既神秘高端又同我们每个人息息相关的领域，在拓展知识开阔眼界的同时，提升我们的国家安全意识，增强统筹发展和安全的本领，为中国从大国走向强国奠定思想基础。这是我们学习领会习近平总书记创造性提出的总体国家安全观的一种尝试，也是现代院作为国家高端智库的一份责任。

国家安全离我们很远，诸如所谓"三海"（台海、南海、东海）问题，"三边"（边疆、边界、周边）问题，中美关系问题，政治安全、国土安全、军事安全、经济安全、金融安全、文化安全、社会安全、科技安全、网络安全、生态安全、资源安全、核安全、海外利益安全、深海安全、极地安全、太空安全、生物安全、人工智能安全等等问题，看似是"居庙堂之高"的党政领导干部关心关注的话题；国家安全又离我们很近，你说身边哪件事情跟国家安全完全没有关系？美国对华贸易战、香港"修例风波"、新冠肺炎疫情肆虐……不仅攸关我们的日常生活，甚至改变我们的人生轨迹。国事家事天下事，从来没有像今天这样紧密缠绕，深刻影响着我们每一个人。

  我们生活在一个伟大的时代，比历史上任何时期都更接近民族的伟大复兴；我们生活在一个剧变的时代，世界正经历百年未有之大变局；我们生活在一个跨越的时代，中国从大国走向强国，从高速度发展走向高质量发展，从全面建成小康社会走向全面建设社会主义现代化国家……凡此意味着，我们面临的国家安全形势更加复杂，我们维护国家安全的任务更加艰巨。

  改革开放40多年，我们坚持以经济建设为中心，坚持发展是第一要务，强调发展是硬道理，实现了初步崛起，取得了举世瞩目、史所罕见的历史性成就，中国人民为之自豪！世界人民为之钦羡！党的十八大以来，中国的发展进入新时代；今天，中华民族伟大复兴从"第一个百年"征程转向"第二个百年"目标。

毫无疑问，作为世界上最大的发展中国家，发展依然是中国的中心任务。但中美博弈加剧、香港"修例风波"、新冠肺炎疫情肆虐、金融风险升高、网络安全隐忧，几乎同时从不同领域不同方面向我们发出了警告：缺乏安全的发展有可能使我们遭遇"半渡而击"的不测，有可能使我们积累的财富一夜归零，也有可能使我们无穷接近的民族复兴无法抵达胜利的彼岸。

因此，在坚持发展的同时，国家安全问题非常紧迫地摆在中国人面前。如果说过去40多年我们较好处理了"改革、发展、稳定"的关系，那么未来30年我们则必须处理好"开放、发展、安全"的关系。站起来阶段，我们更强调安全；富起来阶段，我们更重视发展；强起来阶段，我们则必须兼顾发展和安全。如何统筹发展和安全两件大事？如何在更高水平开放条件下动态维护国家安全？什么是中国特色的国家安全道路？成为时代留给当下中国人的一道必答题。

二

对于这道必答题，以习近平同志为核心的党中央给出了答案。随着时间推移，答案愈清晰、科学、精准。

2013年11月，党的十八届三中全会决定成立国家安全委员会。习近平总书记指出：

> 国家安全和社会稳定是改革发展的前提。只有国家安全和社会稳定，改革发展才能不断推进……设立国家

安全委员会，加强对国家安全工作的集中统一领导，已是当务之急。

2014年4月15日，在中央国家安全委员会第一次会议上，习近平总书记创造性地提出总体国家安全观，指出：

> 当前我国国家安全内涵和外延比历史上任何时候都要丰富，时空领域比历史上任何时候都要宽广，内外因素比历史上任何时候都要复杂，必须坚持总体国家安全观，以人民安全为宗旨，以政治安全为根本，以经济安全为基础，以军事、文化、社会安全为保障，以促进国际安全为依托，走出一条中国特色国家安全道路。

4月15日自此成为中国的全民国家安全教育日。2014年11月28日，习近平总书记在中央外事工作会议上指出：要"统筹国内国际两个大局，统筹发展安全两件大事"。

2015年12月16日，习近平总书记在第二届互联网大会开幕式主旨演讲中指出：

> 安全和发展是一体之两翼、驱动之双轮。安全是发展的保障，发展是安全的目的。

2016年1月18日，在省部级主要领导干部学习贯彻党的十八届五中全会精神专题研讨班上，习近平总书记指出：

> 推动创新发展、协调发展、绿色发展、开放发展、共享发展，前提都是国家安全、社会稳定。没有安全和稳定，一切都无从谈起。

2017年10月18日，在党的十九大报告中，坚持总体国家安全观被纳入新时代坚持和发展中国特色社会主义思想的基本方略，并被写入党章。

2020年7月30日，在中央政治局会议上，习近平总书记首次提出"更为安全的发展"，指出要"实现更高质量、更有效率、更加公平、更可持续、更为安全的发展"。

2020年10月29日，党的十九届五中全会在《中共中央关于制定国民经济和社会发展第十四个五年规划和二〇三五年远景目标的建议》中，设专章论述"统筹发展和安全，建设更高水平的平安中国"，对坚持总体国家安全观尤其是统筹发展和安全浓墨重彩，将安全提升到和发展并重的位置，并将其作为"十四五"时期中国经济社会发展的指导思想，这在中国发展史上具有里程碑意义。

2020年12月11日，中共中央政治局专门就切实做好国家安全工作这一主题进行第二十六次集体学习，习近平总书记就贯彻总体国家安全观提出10点要求，也即"十个坚持"，标志着总体国家安全观的思想体系和理论体系已然成型，堪称习近平新时代中国特色社会主义思想的"国家安全篇"。

总体国家安全观从最初提出到不断完善，统筹发展和安全从被重视到成为中国经济社会发展的指导思想，安全发展理念被要求贯穿到中国发展各领域和全过程，"十个坚持"系统集成，自成体系……凡此意味着，中国特色的国家安全思想和中国特色的国家安全道路逐步形成，而总体国家安全观就是集中体现。这也就意味着，总体国家安全观不只是国家安全职能部门的工作指引，而应成为从事各项工作的党政干部的世界观和方法论，成为从大国走向强国的中国人民的必修课。

三

我们这套丛书，正是循着上述思路，试图站在中华民族伟大复兴战略全局和世界百年未有之大变局这"两个大局",以及新发展格局和大安全格局这"两个格局"的高度,立足"两个一百年"历史交汇期的特殊时间节点,从历史的长河、地理的视域、文化的纵深、大国兴衰的规律和百年变局的沉思等不同角度和维度,全景式、大视野认识国家安全。新冠肺炎疫情的突发和泛滥,促使我们对国家安全又多了一份从生物安全角度的思考,凡此汇编成六册,作为"总体国家安全观系列丛书"的第一辑,奉献给读者。

时间紧,任务重,责任大。丛书编者们大多是从事国际战略、区域国别和国家安全问题研究的学者,不乏知名专家,但从学习领会总体国家安全观入手,从历史、地理、文化诸角度看国家安全,却是一种全新的尝试和初步的探索。加之从一开始我们就商定,这套丛书必须通俗易懂、喜闻乐见,既要有国家安全主题的严肃性、政论性,又要兼顾可读性、知识性,总之让读者愿意看,且看后有收获,对编者们确实提出了挑战。

不论怎样，大家暂时放下手边的工作，全身心投入这项全新的事业，虽不时有"书到用时方恨少"之叹和"独上高楼，望尽天涯路"的茫然，但其中的责任感、使命感是真实且真诚的。

至于六册书的具体内容，各分册主编在书的前言都做了概述或导读，不乏精彩呈现。比如，谈历史与国家安全，从秦朝二世而亡，到"无事袖手谈心性，临危一死报君王"的明朝灭亡启示录，涉及中国历史的多个片段，从国家安全视角看历史，给人不一样的启发。谈地理与国家安全，突出"一方水土养一方人"，从俄罗斯的广袤到新加坡的狭小，从北极变迁到气候变化，从地理环境决定论到人定胜天，从地缘战略到首都安全，天南地北，无所不包。谈文化与国家安全，既有印度的种姓制度，也有日本的圈子文化，有阿拉伯人的困惑，有犹太人的韧性，由此解析国家安全的文化密码。至于大国兴衰与国家安全，百年变局与国家安全，可谓跌宕起伏，云谲波诡……在此不一一介绍了。借用一句广告词：更多精彩内容，敬请读者鉴赏。

总序

编写本套丛书是一次初步的尝试，加之知识储备的限度，其中错舛自然难免，我们会不断修正、完善、改进，为我们接续编写丛书的第二辑积累经验。

是为序。

中国现代国际关系研究院院长　袁鹏

前　言

前言

2014年4月15日,习近平总书记在中央国家安全委员会第一次会议上指出:"当前我国国家安全内涵和外延比历史上任何时候都要丰富,时空领域比历史上任何时候都要宽广,内外因素比历史上任何时候都要复杂……"习总书记以历史的视野、历史的思维,高屋建瓴地概括出当前我国国家安全所面临的整体态势,为我们坚持总体国家安全观提供了历史坐标和方位。

谈到历史,著名历史文化学者南怀瑾认为,学习历史的一个重要目的,就是从历史的人事活动中汲取教训,学习古人做人临事的经验,作为自己的参考,借以效法、模仿。从这个意义上讲,历史实际上是一个巨大的知识宝库,为后人提供了各种各样的知识和指导。法国哲学家伏尔泰早在18世纪后期就有"一切历史都是当代史"的提法。20世纪初,意大利历史学家克罗齐强调"历史从目前出发",并提出了"一切真正的历史都是当代史"的著名论断。这句话强调历史的现代性,即历史对现实的借鉴意义。如果将中外大师的言论结合起来,可以理解为,人们不仅可以在历史中学习，还可以立足当代思考过去的历史，进而实现"过去和当前视域的重合"。

　　正是对当下和未来政治的强烈关切，才激励人们不间断地回望过去，研究历史，从而使历史超越过去并与现在和未来联系在一起，形成"解释过去，理解现在，展望未来"的主动思维。我们研究历史问题，不是为了重建和再现历史，而是为了把握过去，从历史中提取意义，思考历史与现实政治相关的方面，从而有助于更清晰地观察和处理当前的问题。研究现实政治问题，也不能忽略存在于当前问题中的历史因素。

　　《历史与国家安全》这本书，旨在从中国历代封建王朝统治模式、政策得失、所处内外环境等视角，通过一些历史片段、历史故事，分析阐释影响"国家安全"的各种因素，总结历史上的成功经验和惨痛教训，探索王朝兴衰成败、更迭消亡的规律，希冀为当今人们提供一些历史启迪，进而使人们增强维护国家安全的自觉意识和总体意识。

前言

需要强调的是，中国自古就是一个多民族的大家庭，中央王朝对周边少数民族的征战，属于中华民族内部的矛盾与纷争。历代王朝统治者为实现治国安邦、长治久安，所采取的各种政策举措，维护的是王朝安全，与我们现在讲的国家安全并不完全是同一意义上的概念，但这并不妨碍我们从历史中汲取经验和教训。

中国现代国际关系研究院

《历史与国家安全》课题组

目 录

1

历史：今时与往昔的对话

第一章 001

风雪来归岂是十三人 007

王导之问与乱世之苦 013

高宗的谋国之道 017

"由此上溯到一千八百四十年" 023

2

罔顾民生的短命秦朝

第二章 027

郡县之成，功在千秋 035

"四海之内皆工地" 039

秦法"繁如秋荼，密如凝脂" 045

扶苏之死与政权转型之败 048

目录

3 靠军事力量维系的大汉王朝

第三章 055

凿空之旅：以军事为目的的外交使团 061

李广难封：说明什么？ 067

昭君出塞：以政治联姻化解武力征伐 071

"大树将军"：一个开国武将的别样命运 077

4 中央权威跌宕起伏下的唐朝运势

第四章 087

盟军不炸京都与大唐魅力 093

李唐王室为何要争"天下第一姓" 096

燕云十六州之失祸起藩镇 101

从贵妃之死到"受制于家奴" 108

5

富足却不能打的宋朝

第五章 117

宋朝有多富？ 121

澶渊之盟：以妥协求苟安 126

靖康之耻：苟安之后是亡国 130

富国更要强军 134

6

经济危机摧垮的大元帝国

第六章 141

短暂辉煌 145

草蛇灰线，伏脉千里 153

发行纸币埋下隐患 160

元朝覆亡的"多米诺效应" 163

压垮骆驼的最后一根稻草 171

目录

7 中西大分流与明朝的衰败

第七章 175

李约瑟之问 179
"海禁"中的郑和下西洋 184
澳门，西方殖民中国的先声 189
"国本之争"，何为国本？ 198

8 千年变局下的清王朝

第八章 203

两个世界的碰撞 207
落后就会挨打 211
GDP 世界老大的陨落 220
不彻底的改革 224

9 鉴往知来 增进安全

后语	231
民为邦本，本固邦宁	235
刚柔相济，文治武功	237
数目字与精细化管理	240
落后挨打与千年变局	244
结语	246

第一章
历史：今时与往昔的对话

第一章

　　百二秦关终属楚，三千越甲可吞吴。历史就是这样神秘而美丽。历史的关口总是那样的偶然，而又决然。然而时间过去，纵然"宫阙万间""雕栏玉砌应犹在"，一切又最终都归于黄土。"我们只有以当下的眼光看待过去，才能理解过去"。国际关系学科的奠基人之一，英国历史学家卡尔以《20年危机（1919—1939）：国际关系研究导论》名世。作为一名没有历史学学位，而是在外交实践中探究历史奥秘的大历史学家，卡尔长期深深思考历史的因果关系及其预见性意义、历史的客观性与主观性、历史与进步的关系、历史与科学和道德的关系等一系列深刻的历史哲学问题。归根到底，究竟什么是历史？在史料、史实的基础上，我们究竟应该如何看待历史，让它发挥怎样的作用？"（历史）不是对这一时期事件详尽记录的叙述，而是分析那些形成发展主要线索的事件"。"历史学家与历史事实之间相互作用的进程,或称之为现在与过去之间的对话,不是一场抽象的、孤立的个人之间的对话,而是今日社会与昨日社会之间的对话"。

诚如斯言!历史,就是今日社会与昨日社会之间的对话。伏尔泰曾说:"一切历史都是当代史。"也即一切过往的历史,都要联系当下去理解。研究历史,并不企图重建或再现历史,而是"以史为鉴""得知兴替",要从历史中把握规律性、获得预见性,进而指导人们正确地观察、思考和处理当前的问题。正是由于对当下和未来的强烈关切,人类才不停地回眸既往,正所谓"往者不可谏,来者犹可追"。在国家安全领域,这样的历史观也至为重要。本书所阐述的"历史与国家安全",就是这种今日与昨日对话的历史。而这场对话的主题,就是"国家安全"。探讨国家安全有很多维度,而历史必然是其中最重要的维度之一。因为国家自产生以来,就

第一章

是社会的最高组织形式。无论在任何时期,国家安全,都是当时时代与社会最重要的政治命题,也就是"最高政治"。因此,以历史的视野回眸国家安全,恰是以历史的经验展望国家安全的最佳途径。

第一章

风雪来归岂是十三人

历史是人民创造的，国家安全也是人民创造的。国家安全，从古至今，都必须依靠人民，始终把人民作为国家安全的基础性力量。"上下同欲者胜"，就是这样一条历史的铁律。"民心是国家安全的最终基础"，将尽可能多的人统一到国家安全的战线上来、成为坚不可摧的国家安全维护者和支持者，是构筑国家安全钢铁长城的根本保障。

两千年前的一个早春三月，西北边关依旧是"瀚海阑干百丈冰"的逼人寒冬。就在"春风不度"的玉门关城楼下，那一天颇不寻常。13个人，"衣屦穿决，形容枯槁"，已经奄奄一息，蹒跚叩门。这一声叩门，不仅传遍大汉天下，更传彻古今。这13个人中，仅有4人留下了名字，其余9人纵然彪炳史册，也没有留下只言片语。他们是流逝在历史长河中的一片普通落叶，年年如是，岁岁如昔。

要说普通，他们却做了惊天地泣鬼神的大事。公元74年，东汉完成了征伐伊吾、车师的大规模作战，重设西域都护府。留名史册的耿恭，率区区数百人，布防天山北麓的石头城疏勒（今新疆奇台县），扼守天山南北通道。次年7月，匈奴就将疏勒城死死围困，并将深涧的水源截断，逼耿恭投降。此时战局却发生剧变，不仅近处互为犄角的友军据点已被拔除，连西域都护府都被"攻殁"。最严重的问题出在政治最高层，那一年汉显宗去世了，朝廷已无心力经略西域诸国。焉耆、龟兹、车师全部倒向匈奴，孤悬天山北麓的耿恭一部数百人，可谓四周皆敌国、叫天天不应了。整个西域，出玉门关以外，大汉天下就剩下远隔天山、被断水围困的疏勒城以及城中这区区几百人了。而这个疏勒城，离大汉西部疆域的极限——玉门关，有足足1800里之遥。

震撼人心之处在于，即使如此，这数百人上下同心，毫不放弃。"数月，食尽穷困，乃煮铠弩，食其筋革"。生牛皮制成的铠甲与弩弦无疑是战士的第二生命，为了稍填肚子，都顾不得了，可见已到最后关头。这一守就是将近一年。匈奴劝降条件优厚："若降者，当封为白屋王，妻以女子。"耿恭却更为决绝，断掉了所有生路，"恭乃诱其使上城，手击杀之，炙诸城上"。在城头上烤肉，还是来使之肉，这就是传唱千古的"壮志饥餐胡虏肉，笑谈渴饮匈奴血"。

所谓危难，真正难在朝堂之上。新君汉章帝刘炟刚一继位，摆在面前的就是西域边疆来的救急之报。然而这是一份当年3月的急报，此时已是10月了。司空第五伦（复姓第五名伦）明确提出，为救这几百人大动干戈不值得。新帝登基百废待兴，到处都

第一章

要花钱，不可劳师远征。但司徒鲍昱说了一段震铄古今的名言：

> 今使人于危难之地，急而弃之，外则纵蛮夷之暴，内则伤死难之臣。诚令权时后无边事可也，匈奴如复犯塞为寇，陛下将何以使将？又二部兵人裁各数十，匈奴围之，历旬不下，是其寡弱尽力之效也。可令敦煌、酒泉太守各将精骑二千，多其幡帜，倍道兼行，以赴其急。匈奴疲极之兵，必不敢当，四十日间，足还入塞。

鲍昱的这段话可谓点睛之笔。国家安全，从来就不是一句空话。第五伦所讲并无私情。国家正在困难之时，劳师远征、耗费颇縻，只为区区几百人？疏勒离大汉王朝最近的军事据点玉门、敦煌、酒泉的距离，都超过1800里。况且这几百人是死是活尚且不知。拿着这封半年前的求救信，谁也不知道西域现在是什么情况，百余人对两万人，帝国的军队还存在吗？冒然派军队增援，没有城堡的依托，很容易被风驰电掣的匈奴骑兵消灭，更何况已经是冬天了，恶劣的气候、遥远的路途、后勤的艰难，不堪想象。的确，这是从国家利益出发的理性考量。然而，鲍昱所争辩的却是谋国之论。国家置将士于如此艰险之地，如国家抛弃他们，等于纵容外敌的残暴，而且会让死难之臣伤心。进一步讲，将来边疆无事也罢，若匈奴一旦再犯，那么还可以指望谁为国家而死？于是，汉帝国发起了一次捍卫人心、捍卫尊严、捍卫国家安全的长征。公元76年，汉军7000人，从张掖、酒泉、敦煌出发驰援疏勒。

然而一切并不顺利，寒冬的西域、四周的敌国，7000人的汉军艰难驰援。援军到达天山南麓的柳中城时，发现当地汉军已经全军覆没。这时，是否翻越天山，冒险犯难前去疏勒，又成为前线将领的难题。根据形势判断，柳中既已沦陷，疏勒必然早已不保。况且疏勒城远隔天山、山高路远，时值寒冬、气候恶劣，如若孤军深入，恐陷全军于危难。然而，在一位耿恭部下的坚持下，汉军分兵2000人前去疏勒。可以说，这已是搏命的赌注。2000人翻越天山，"遇大雪丈余，军仅能至"。历尽危难，终于勉强到达，可谓艰险之至。当援军到达疏勒城下，"城中夜闻兵马声，以为虏来，大惊"。可见，疏勒城仍在高度戒备。然而这时的疏勒城，仅仅剩下了汉军将士26人。"城中皆称万岁。开门，共相持涕泣。明日，遂相随俱归。虏兵追之，且战且行。吏士素饥困，发疏勒时尚有26人，随路死没，3月至玉门，唯余13人。"

读来令人颇为心碎，然而又更感心灵激荡。历史浩浩汤汤，从未停歇。戍边的将士何止千万，却没有留下几个名字。但是这13个人却以顽强的个人意志，在国家总体决策的支持下，共同谱写了大汉王朝捍卫国家安全的绚丽华章。从决策的角度说，国

第一章

家危难之际的决策总是那么难，对于不同层级的每一位决策者都无比艰难。是进是退，往往使人不得取舍。从国家最高决策层来说，陷7000人于危难，去救一座空城，恐怕必然危害国家安全。因为如若全军覆没，经此一役，本就空虚的西部边防将被进一步掏空，西域形势将进一步恶化，恐怕河西走廊也将不保。况且，国家尚有诸多事务，劳师远征，必然不利于国家休养生息。然而，安全的最终基础在于人心。这一远征，赢得的并不是13名将士，而是政治安全、国土安全和军事安全的长远国家利益，尤其是夯实了以民为本的人心之基。

与此同时，不同层级的决策，都关乎国家安全。耿恭所部在坚守的每一个时刻，都有无数放弃的理由。他们并没有任何待援的可靠信息，所凭仅是信仰与信念。"视死忽如归"，就是捍卫国家安全的个人追求；相信"大汉必不弃我"，就是捍卫国家安全的共同精神信仰与价值体系。西出玉门、孤军深入的7000人军团将领，也面临艰难抉择。抵达死城柳中后是进、是留、是退，还是分兵前出，都关乎7000人的生死。"上下同欲者胜"，《后汉书》浓墨重彩记录下的这13个普通人的故事，就讲述了这样一个上自最高决策层，到决策执行层，再到基层个体的共同维护国家安全的坚定信念与成功决策。

写入史书的历史只是时代的一部分缩影，它只记述了史家眼中的历史。无论是左丘明还是司马迁，没有人会去记述底层无名

> 从喀什老城俯瞰耿恭祠

者的日常生活、悲欢离合、生老病死；无论是班固还是司马光，记录的历史永远是鲜衣怒马的社会上层受教育群体的历史，他们因为史家的垂青而得以青史留名、传之千古；即使有幸写入历史，还有诸多春秋笔法，厚此薄彼可能出于阶层、群体和价值观的认同，或者也会因为视野、经历和偶然造成。然而，"十三将士归玉门"的故事在中国历史上却独树一帜，从今天维护国家安全的角度看来更加弥足珍贵。因为这段历史与一般的朝堂历史颇为不同，却是不多见的以无名小人物的记述，展现宏大历史叙事，呈现家国情怀的美妙史诗。尤其是这个故事将个人精神、国家意志与国家安全紧密融合在一起，描绘出一幅震烁古今的瑰丽画卷，在历史的回响中反复回荡着这曲维护国家安全的雄歌。

历史的启示无比昭彰。今天的世界仍在经历两千年前的一幕。维护国家安全是每一个淹没在历史中的微末个体的共同信仰，也是中华民族的精神家园。也许两千年后的人，不会记录今天14亿中国人中的大多数名字，但是这个时代中华民族上下一心维护国家安全、走向民族复兴的伟大篇章，一定会被永久铭记。

王导之问与乱世之苦

国家安全必须依靠人民，国家安全的根本目的与意义，也正是为人民谋幸福。简言之，国家安全就是为了人民。所谓"皮之不存毛将焉附"，国无安全何谈个人。从历史的大视野观察，国家安全的重要性更加突出。对于每个人来说，国家安全并不是高高在上的政治词汇，而是真真切切牵涉个人、家庭、宗族和民族的深刻命题。可以说，从历史来看，没有国家安全就一无所有。中国历史是一部王朝兴衰史，在这部历史中，尤其悲情的就是乱世。没有国家安全的时代是文明的黑暗时代，更是时代中每个生命的悲剧时代。历史并不只是宏大叙事，其背后是时代中每个个人的命运汇聚。正因如此，维护国家安全也必然是身处时代中每一个个体必须承担的历史使命。《世说新语》记载了东晋名相王导的一段名言：

> 过江诸人，每至美日，辄相邀新亭，藉卉饮宴。周侯中坐而叹曰："风景不殊，正自有山河之异！"皆相视流泪。唯王丞相愀然变色曰："当共戮力王室，克复神州，何至作楚囚相对？"

丧国南迁、偏安一隅的士大夫们在美景之下，尚且无不怀念故土、触景生悲，可谓"感时花溅泪，恨别鸟惊心"。王丞相更是"哀其不幸，怒其不争"，勉励士人"戮力王室，克复神州"。王导之问始于西晋朝廷"衣冠南渡"后的东晋王朝。西晋维持统一30多年，塞外众多游牧民族趁西晋八王之乱，国力衰弱之际，"五胡乱华"近300年。此间中国大部遍经流离战乱，胡人肆虐，"屠城掠地千里"，史称"永嘉之乱""中原陆沉"。到隋初时，中国人口仅剩下三成多。而在史书之外、贵族之下，平民百姓之于乱世，恐怕连美景也不得见，只有在命运的洪波里自生自灭。

乱世的一大表征，就是人口的锐减。中国历史上从秦起，就有人口编册统计。而人口数量的变动，最能体现一个时代的繁荣与离乱，更紧密关系到当时每一个家庭、每一个个体的福祉与生存。复旦大学葛剑雄主编的《中国人口史》，可以说是研究历史上历次大乱灾难程度的权威作品。根据该书研究，西汉末年与

第一章

新莽大乱，人口从 6000 万降至 3500 万；东汉末年大乱，人口再从 6000 万降至 2300 万；隋唐之际大乱，人口从 6000 万降至 2500 万；安史之乱后以讫五代，战祸连绵，人口从 7000 万降至北宋初年的 3540 万；宋元之际大乱，中国（指宋辽金夏之地总计）人口从 1.45 亿降至 7500 万；元明之际，人口从 9000 万降至 7160 万；明末大乱，人口从近 2 亿降至 1.5 亿，清初顺治至康熙初的战争损失约 2000 万。以太平天国运动为中心的清末咸、同大乱，人口由 4.36 亿降至 3.64 亿。据此统计，元以前，每次"改朝换代"，人口通常要减少一半，甚至 60% 以上。元以后至清末，每次大乱人口减少 1/4 到 1/5。但是正如《中国人口史》所说，这种人口锐减比例的下降其实是因为元以后中国人口基数大了，分布广了，而且出现了多个人口稠密中心，大乱不可能席卷所有这些地方。但在大乱涉及的地方，人口损失的比例与元以前相比并没有减小，而整个大乱造成的人口减少绝对数甚至远比前一阶段更大。

国无宁日之时，最苦是百姓。上述冷冰冰的数字，实际上是骇人的惨剧。人口锐减五成，也就是每一个家庭，平均有一半以上的人消亡。活下来何其不易，也算是"九死一生"了。西汉末年王莽时期的大乱，米价由汉文帝时期的每石数十钱涨到二千钱，最后竟然高达每斛价值黄金一斤！天灾人祸迫使百姓流落他乡、"煮木为酪"，人相食的惨剧史不绝书。汉乐府《东门行》记载了这样的人间悲剧："盎中无斗米储，还视架上无悬衣。拔剑东门去，舍中儿母牵衣啼：'他家但愿富贵，贱妾与君共哺糜。……今非！咄！行！吾去为迟！白发时下难久居。'"仓中无米、架上无衣，一家老小只得坐以待毙。这样的时候，已经不再是承平之时，如此危难时刻，晚一分拔剑而去，全家都少一份活下来的希望。待到白发之时，更要如何得活？乱世，就是这样把一家良人硬是逼上为非作歹之路。这样的日子实际上在历史上还算是好的。很快，东汉末年又发生了更严重的黄巾之乱与军阀战争，曹操诗中讲，"白骨露于野，千里无鸡鸣"，很多地方变成无人区。有说法指出，东汉末年的乱世让在世人口锐减了6/7。

生于乱世，何其悲情。更不必提所谓"十室九空""赤野千里""饿殍遍地"，这样的悲辞不胜枚举。再极端的情况，就不得不提"人相食"或者"易子相食"的人间惨剧了。仅据二十五史统计，中国历史上共有403起人相食的记载，这些惨剧大多发生在乱世。国家无安全，人民就陷入水火，"万物为刍狗"。如此说来，国家安全何其重要。没有国家安全的民族是流离的民族，没有国家安全的人民是凄惨的人民，没有国家安全的每一个人都难有未来。维护国家安全，必然是每一个公民的基本责任，也是每一个国民的共同责任。无论时代如何变迁，这一条铁律都不会发生丝毫改变。

第一章

高宗的谋国之道

国家安全，在于平衡，也在于取舍。这也恰是总体国家安全的一个侧面，既要综合亦要周全，方为总体。

年长刘邦 3 岁的秦始皇嬴政，从 39 岁一统天下到 50 岁病逝于巡游途中，他怎么也想不到，取代他的竟然是沛县的小小泗水亭长刘邦。但是与楚霸王项羽相比，刘邦确实是个无比清醒的人：

> 夫运筹帷幄之中，决胜千里之外，吾不如子房；镇国家，抚百姓，给饷馈，不绝粮道，吾不如萧何；连百万之众，战必胜，攻必取，吾不如韩信。三者皆人杰，吾能用之，此吾所以取天下者也。

公元前 202 年，项羽垓下殒命，楚汉相争宣告终结。是年 2 月 28 日，刘邦举行登基大典，定国号为汉。而早在荣登大位、面南称孤之前，刘邦已经分封了七位异姓王，其中就包括韩信。这件事今天听来似乎并无异常，然而"封王"对于那个时代的人们而言，却是具有标志性意义的事件。因为"封王"就意味着秦朝推行的"郡县制"宣告终结，始皇帝打造的"车同轨、书同文"，马放南山、铸剑为犁的短暂时代终结了。中国历史上具有开创性意义的近30年的短暂"大一统"时代就要画上句号,周朝"分封建国"的时代又回来了。"分封建国"就是"封建"二字的由来,我们用这个词来归纳中国近五千年的历史,可见其生命力。而"分封建国"用今天的政治学语言来说,就是"邦联制"。一些邦国虽然组成相对松散的邦联,却各自独立。虽说"普天之下莫非王土",但只是各国共同拥戴一个天子,天子并不能在邦国中行使治权。更极端的是,如果"天子无道"或是羸弱,自然会出现春秋五霸或是战国七雄。显然,这也是秦始皇维护国家安全首先革除的弊端,即消灭邦国、集权中央。用今天的话说,就是以霹雳意志和雷霆手段维护帝国的政治安全和政权安全。正如柳宗元在《封建论》中所说:"周之失,失之于制,不在于政;秦之失,失之于政,不在于制。"难道刘邦不懂这个道理吗?或者张良、萧何等诸贤都不懂这样的道理吗?都不知道分封诸王的弊病吗?显然不是。刘邦是郡县制的坚定推行者。暗度陈仓取得汉中秦地之后,便即刻废分封设郡县,更何况一统天下之后?分封诸王,只是无奈之举。取天下,只能先以邦联立足。韩信势大,不许予王,如何赢得楚汉之争?徐图后计,方是良策。一俟帝国初立,刘邦便迅速着手剪除异姓王,于是出现了韩信"贱能忍耻卑狂少,贵乏怀忠近佞人"之论。然而削藩何其困难?中央与地方的关系一直是政治安全的重要命题。"古者诸侯不过百里,强弱之形易制。今诸侯或连城数十,地方千里,缓则骄奢，易为淫乱，急则阻其强而合从以逆京师；以法割削之，则逆节萌起。"(《资治通鉴卷第十八·汉纪十》)刘邦之后，直到"屈贾谊于长沙"之时，温润而睿智的汉文帝在尝试削弱同姓王势力而以失败告终之时，才体会到他的父亲在谋定王朝之初的各种苦衷。继任者汉景帝却未能领会其中奥义，操之过急，以致七王之乱、憾失晁错。而这一国策，直到汉武帝之时，才以"推恩令"的方式实现。"今诸侯子弟或十数，而适嗣代立，余虽骨肉，无尺地之封，则仁孝之道不宣。愿陛下令诸侯得推恩分子弟，以地侯之，彼人人喜得所愿；上以德施，实分其国，不削而稍弱矣。"(《资治通鉴卷第十八·汉纪十》)然而此时，已是刘邦之后的汉朝第七位皇帝任上了。

大汉如是，盛唐亦然。公元626年，李世民发动"玄武门之变"，开始率领李唐王朝向称雄天下的时代迈进。此时，唐朝最大的敌人东突厥已经灭亡，帝国生存已经无虞。留在李世民案头的两件大事无疑是"与民生息、恢复经济"和"收服小邦、安定边疆"。这两件事既相互矛盾，又相辅相成。兴兵则劳民，不兴兵则国不宁。用今天的语境来解释，就是先抓国土安全、国际安全，还是先抓经济安全、社会安全，是先谋发展，还是先保安全。自然，休养生息已迫在眉睫，因为李世民接手的天下，是经历了"五胡乱华"的数百年和短暂的隋朝一统之后再次大乱的天下，已是民生凋敝、百业困顿。然而，李世民的难题，还不止于这两道。在维护国土安全、国际安全的命题下，李世民还面临着初唐最突出的国家安全两难——征吐谷浑还是征高句丽，也就是面临东西两线作战的难题。吐谷浑不仅不像党项等国那样迅速内附，还屡屡犯边、劫掠凉州，甚至扣留唐使、毫无悔意。同时，高句丽"惧伐其国"，在其北境修筑"千里长城"，此后更是断绝朝贡。《资治通鉴》记载了唐朝遣赴高句丽的使臣，在高句丽见到许多"京观"（征军亡尸之堆）以及滞留当地的隋朝士兵，也就是隋炀帝三征高句丽的遗人。"往往见中国人，自云：'家在某郡，隋末从军，没于高丽，高丽妻以游女，与高丽错居，殆将半矣。'……咸涕泣相告。数日后，隋人望之而哭者，遍于郊野。"同胞居于异国，异国屡屡不臣，不有所作为，损伤的是帝国的战略信誉，人心如何得归、藩国如何得归。然而，李世民却说了一段颇为无奈的话：

> 高丽本四郡地耳，吾发卒数万攻辽东，彼必倾国救之，别遣舟师出东莱，自海道趋平壤，水陆合势，取之不难。但山东州县凋未复，吾不欲劳之耳！

大唐王朝的无奈，又岂是"吾不欲劳之耳"区区几字可以道尽的。同时，"取之不难"几个字说起来可真真是咬牙切齿，"打脱牙和血吞"。要知道隋朝之亡便亡在屡征高句丽而不得，"诏复征天下兵，百道俱进""虽复太半不归，而每年兴发"，进而"僭伪交侵，盗贼充斥""人相啖食，十而四五""死人如积，不可胜计"，最终国破人亡。殷鉴不远，李世民岂不清清楚楚。此后，高句丽屡屡跨过红线，不上表、不称臣、不朝贡，显然已经一再冲击大唐王朝的天下体系，为其他藩邦做了愈发不好的表率。长此以往，天朝有损。然而即使如此，李世民依然说："因丧乘乱取之，虽得之不贵。且山东凋敝，吾未忍言用兵也。""远人不服，则修文德以来之。未闻一二百戍兵能威绝域者也。"李世民真的认为不可用兵以慑服远人吗？当然不是。与此同期，唐太宗却在西线用雄兵征服远人。李靖率兵十万，征伐吐谷浑。事后，又派遣开国名将侯君集帮助吐谷浑稳定局势。此后，唐军一直大举集结西域。征伐高句丽最终成了李世民的遗恨，直到唐高宗时，第三次征伐才终结了高句丽 700 余年的政权，在平壤设立安东都护府，驻军 2 万。这时已是公元 668 年，李世民逝世第 19 个年头了。

历史的记述只让我们看到一个时代的一些侧面。在记录历史的字里行间，却流露出更多史料之外的故事与情节。国家安全，谈何容易。即使在盛世，即使对强人，维护国家安全都是在抗争中逐步改进完善的。维护国家安全，要统筹多方面资源，既要看内部又要稳外部，既要谋长远又要顾当下，既要掂左手又要量右手，方寸之间，最难取舍。资源往往是有限的，甚至是捉襟见肘的。以最优的资源配置，维护最平衡的安全，就是最佳的国家安全状态。《尚书》讲："允执厥中。"也就是说，真的要恰当地把握住平衡的关键，才能实现政治的成功。没有绝对的安全，只有维护安全的坚定决心和无上智慧。后人不在当时处境，随便说些风凉话最是容易。然而当时当事，如何持中守正、仔细拿捏、不使破局，才是引领大国航船斩浪向前的舵手所最珍重之处。苏轼品评张良的《留侯论》时有这样一段千古名言：

> 古之所谓豪杰之士，必有过人之节。人情有所不能忍者，匹夫见辱，拔剑而起，挺身而斗，此不足为勇也。天下有大勇者，卒然临之而不惊，无故加之而不怒；此其所挟持者甚大，而其志甚远也。

国家安全，必须放在当时的时代中去考察。所谓"设身处地"，如若不然，便无法揭示出国家安全的总体规律。历史这面棱镜，往往折射着当时光景最引人入胜的一个侧面。然而这一侧面，却是经过百般修饰的侧颜，"丹垩粉黛，莫不具焉"。秦皇汉武、唐宗宋祖，在历史的修饰中是那样的伟岸，纵横捭阖、睥睨天下、一匡宇内。纵然如此，盛世之下，往往也有诸般难言之隐。斗争，一直是在这些难言之隐中维护国家安全的必要手段。没有一个国家的勃兴，不是在泥淖中摸爬滚打而来的。没有人能在起点预见到终点的表情究竟是笑傲还是哭泣。无疑是全程的持续抗争，最终铸就了辉煌的时代。而这种全程的抗争，却是审时度势的成功决策所护航的。没有哪个国家的国家安全能如传颂的那样信手拈来。妥协与让步，斟酌与权衡，往往也是持中务重、老成谋国的必要之策。因此，必须客观认识国家安全的时代性与局限性。以可负担的成本维护尽可能的安全，用综合渐进的举措保证可持续的发展，才是长治久安之道。维护国家安全，也恰在此道，不争勇、不斗狠，处处理性、讲求策略，做好取舍、把握平衡。行稳致远，就是最大的安全。

"由此上溯到一千八百四十年"

历史，不止于今时与往昔的对话，更大的价值在于用这样的对话照亮未来。今天的中国走在"复兴之路"上，肩负的是"天下与共"的宏大使命。溯往鉴今，在历史与国家安全的对话中，或许可以找到更远的前路。

1938年春夏之交，祖国正处生死存亡的紧要关头。日本发动的全面侵华战争正在吞噬越来越多的国土，国民受辱不堪枚举。面对沦陷与丧国，就在毛泽东的《论持久战》在华夏大地砥砺人心之时，另一本小册子也铿锵问世。这就是历史学家蒋廷黻的《中国近代史》。蒋廷黻以历史学家的视野，公允地从国家安全、发展和复兴的角度对近代中国的历程进行了重点回顾。他更积极地指出，近代中国遭受的侵略并不完全是屈辱，而应该被看作是社会转型的契机，如果能抓住这个机会实现近代化，于国于民大有裨益。可以说，在这本书面世之前，民国史学家对1840年鸦片战争以来的历史缺乏系统全面的总结和反思。蒋廷黻的《中国近代史》一册从全新的近代化视角，打开了近代史研究的新大门。而这一视角，也是后人研究近代史、进行历史评价的最初相对客观的角度。书中大多数观点已经为当今世人所接受并认为是理所当然了，因为中国近代史的架构很大一部分是源于这本小书巨著。如今看来，《中国近代史》薄薄一册，个中观点并不觉得新鲜。然而，历史就是这样一种与观念和意识紧密相连的学科。蒋廷黻开篇即言："中华民族到了十九世纪就到了一个特殊时期。……在十九世纪初年，西洋的国家虽小，然团结犹如铁石之固；我们国家虽大，然如一盘散沙，毫无力量。……如果能找出中国近代史的教训，我们对于抗战建国就更能有所贡献了。"作为民国学人，能够于所处年代跳出局限从相对超前的角度看待中国近代史，已是杰出成就。

可以说，中国近代国家安全的日趋危急，发端即在鸦片战争。今天我们认识国家安全，无疑不能割裂近代以来中国国家安全的危亡与屈辱历程，时光总是把人与事千丝万缕地联系在一起。这就正如那一段铭刻在矗立于天安门广场人民英雄纪念碑上激奋人心的碑文："由此上溯到一千八百四十年，从那时起，为了反对内外敌人，争取民族独立和人民自由幸福，在历次斗争中牺牲的人民英雄们永垂不朽！"自1840年以来，历经危亡，更励精图治，才有今天的国家安全，也才有今天追求和维护总体国家安全的能力与资源。

实际上，这就是如今研究历史与国家安全的意义所在。只是当时的国家正处风雨飘摇之际，甚至都不容得谈什么安全，仅仅是"国破山河在"而已。然而即便如此，诸如蒋廷黻等民国学人却已经在论述"民族之复兴"，并指出"我们不可一误再误了"。可惜的是，这扇中国近代史上的民族复兴大门，并没有在20世纪完全开启。有幸的是，新中国成立以来，党中央对发展和安全高度重视，始终把维护国家安全工作紧紧抓在手上；我们当代人承前启后，走在了民族复兴的大路之上。"抗战以前全世界无不承认中华民族已踏上复兴之路。日本的军阀正是看清了这一点，所以决计向我们大举进攻。"此时距离蒋廷黻写下这段历史评述，正好过去近一个世纪。艰难困苦、玉汝于成。中华民族的近代史，正是这样一段艰难困苦、苦苦追寻、有幸得偿的历史。维护国家安全的使命、实现民族复兴的使命，在历史的风云中，正落在今天的中国人肩上。让我们以总体国家安全观为指导，汇涓流为洪波，共同构筑中国的国家安全，共同实现中华民族的伟大复兴！

参 考 文 献

1. ［英］爱德华·霍列特·卡尔著，吴柱存译:《历史是什么？》，商务印书馆1981年版。
2. ［英］爱德华·卡尔著，秦亚青译:《20年危机（1919—1939）：国际关系研究导论》，世界知识出版社2005年版。
3. 葛剑雄主编:《中国人口史》，复旦大学出版社2002年版。
4. 蒋廷黻:《中国近代史》，上海世纪出版集团2006年版。
5. ［美］贾雷德·戴蒙德著，谢延光译:《枪炮、病菌与钢铁：人类社会的命运》，上海译文出版社2016年版。

第二章
罔顾民生的短命秦朝

第二章

公元前221年，秦国大军东出函谷关，远征渤海之滨，击败了最后一个对手齐国，自此并吞六国，统一寰宇，建立了历史上首个以华夏族为主体的中央集权制大一统国家，雄踞亚洲大陆东方。同一时期，恒河流域的奴隶制国家孔雀王朝即将走向它最后的辉煌，地中海沿岸的罗马和迦太基的城邦战争正打得不可开交，而在我们的近邻日本、韩国，人类文明仍只是点点光斑。无论体量或制度，秦朝都是当时世界上当之无愧的雄邦。迄今波斯语中仍称中国人为"秦人"，足证那时秦影响力之远播。岂料不过短短十五载，这个东方巨人就轰然倒塌，曾在征伐六国沙场上无处不可闻的《秦风·无衣》亦如苍鹰远遁，成为后来者"汉承秦制"背后暧昧的回响。

作为第一个摸着石头过河者，秦王朝已然跌倒在历史的河道里。但它所留下的大一统观念，经统一的文字、货币、车轨、度量衡等器物承载,加之其开拓的广袤疆域,一起筑成中华民族自我认知的基本架构。秦朝政治实践之得失,也成为中国史上国家运作的宝贵经验,为历朝历代反思咀嚼,扬弃继承,至今热度不减。近年更有一影视巨作《大秦帝国》风靡银屏。该剧作者痛感"史论待秦始皇不公",愤而投笔疾书130多万字从正面重述秦史。对此不以为然者不少,更有甚者不辞辛苦连作长文,怒斥其篡改历史定论。可见秦史耐嚼难嚼,难成定论。

的确,秦朝的历史谜团中可深思细究者绝不在少数。就拿国家安全课题来讲,忆秦开国之初,"践华为城,因河为池",北有良将,南有大军,富有天下与四千万人民。国防安全所需资源无不具备、无不充裕。"胡人不敢南下而牧马,士不敢弯弓而报怨",收缴天下兵器,旧日仇家与外来威胁均不成气候。奋发百年终于

第二章

令天下乱而复治后,秦人并未故步自封,更未从此腐化堕落,而是积极吸取前朝教训,全面加强中央集权。制度创新奇招迭出,显示出蓬勃的生命力,其中不少仍造福后人,并无我们熟悉的封建王朝末期昏庸颟顸的暮气。这样一个国家,它的危险究竟从何而来,又是被什么所击倒的呢?

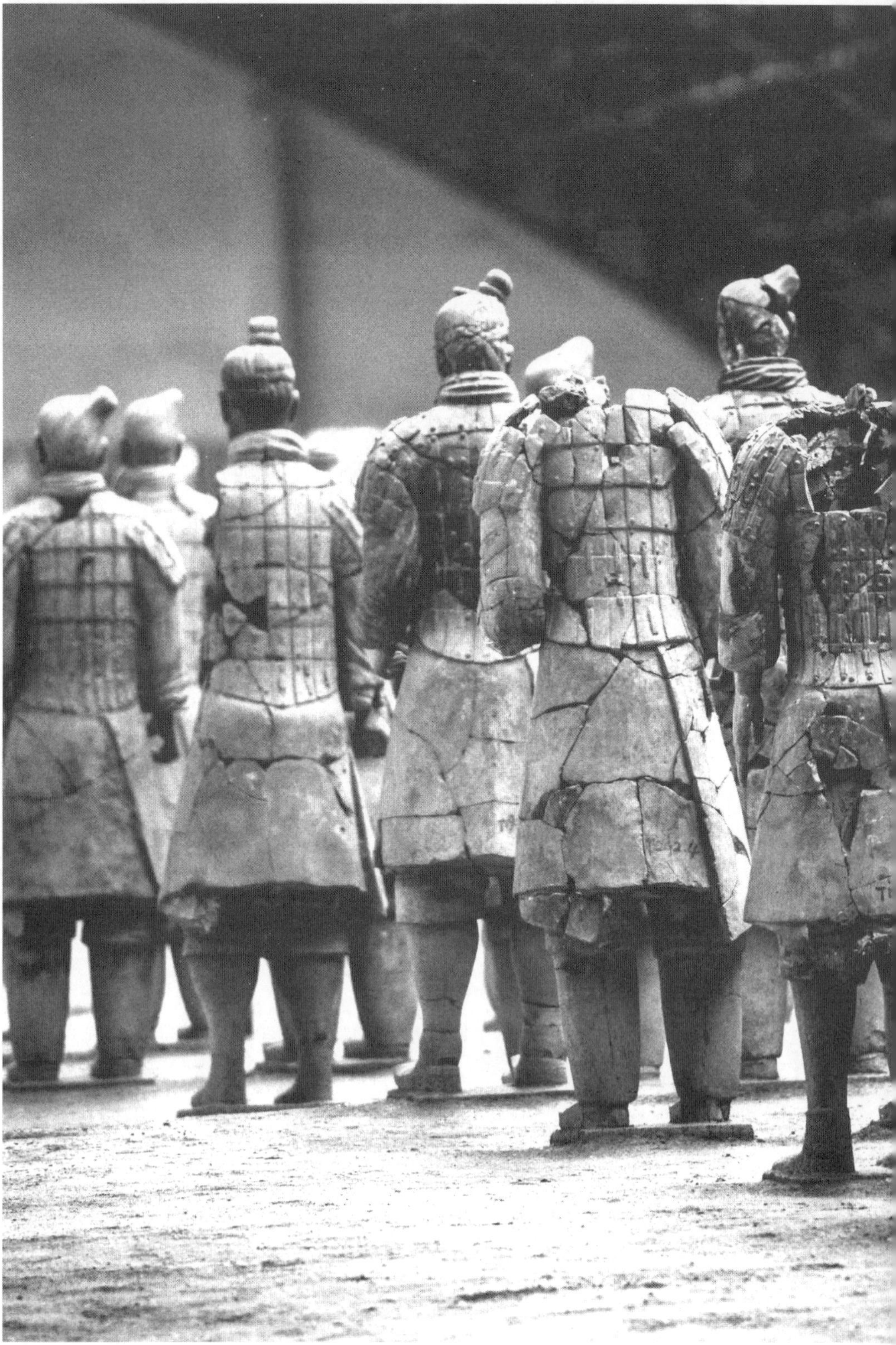

秦兵马俑

第二章

郡县之成，功在千秋

后世评说秦始皇功过，总会提起"废分封，开郡县"一条。郡县制是中国古代分封制之后出现的以郡统县的两级地方管理行政制度。实际上，秦开朝之后一直有分封与郡县之争，也就是围绕中央与地方的关系如何，特别是如何统治新获得的大片土地和土地上的百姓的争议。

公元前213年，秦始皇第三十四年，嬴政在咸阳大宴群臣。席间觥筹交错，君臣言笑晏晏，突然间说起始皇帝一统中原九州的伟业。当时，仆射周青臣称赞秦始皇"以诸侯为郡县，人人自安乐，无战争之患，传之万世"。秦始皇龙颜大悦。不料，博士（官职名）淳于越反驳道，"臣闻殷周之王千余岁，封子弟功臣，自为枝辅。今陛下有海内，而子弟为匹夫，卒有田常、六卿之臣，无辅拂，何以相救哉"，说周青臣阿谀奉承加重君王过失，直接定性为"非忠臣"。淳于越乃太子扶苏的老师，本是齐人。话中提到的田常、六卿都是齐国曾谋杀君主的臣子，"（若不行分封）再有这样的臣子却无人来救可怎么办"。实际上还是要求秦皇效仿前人，恢复分封制。丞相李斯当即起身反对淳于越，力挺郡县制。

从事后诸葛亮的立场来看，前朝的东西两周、后来的项楚西汉，无不证明李斯之正确。早在厚古薄今者们倍加推崇的周代，分封之余，对于一些无适当之人可封的土地，周皇室也会暂时派人管理，称作"悬地"，后演化为"县"。"郡"则相当于军区，多设在边境，戍边大将兼任当地的行政长官。起初，"县"因在城镇而比边境的"郡"富庶，地位比"郡"高；后来又因"郡"长官握有军权，反而超过了"县"。春秋战国时期，晋、楚、秦、齐、吴等大国都曾设"县"。

秦始皇更青睐郡县制，也是基于现实、深思熟虑的结果。我们知道，经过数代秦人500余年的励精图治，秦国终于从一边陲小国发展壮大，东出成功，将六国吞入腹中，得到天下。也就是说，获得大片的六国故土和土地上的人民，这令战胜国秦——也就是后来的秦王朝的统治条件趋于复杂。虽说六国与秦均出自华夏，更同尊周王室，风俗礼仪相近者多相异者少。尤其到了后期，士人商贾在各国游历辗转，求学逐利，求官出仕，更促进了文化交流融合。这就是为何列国攻伐应定性为兼并或统一战争，而不是征服战争。但也应看到，统一的时代主流之下，各地自然和社会环境仍不尽相同。当时的学者如吴子、荀子等都喜欢以"国别"为引子发表议论，认为"秦性强，其地险，其政严"而"楚性弱，其地广，其政骚"等，有些类似于后世的国民性讨论。

而原来老秦国的百姓是什么样子的呢？商鞅变法后七八十年，齐国大儒荀子曾入秦国，见"其百姓朴……甚畏有司而顺，古之民也"，也就是说秦国百姓淳朴而顺从官吏，颇具古风。但今时不同往日，统一之后秦朝治下人口显然不再仅是这么老实的老秦国百姓了，而是兼有六国旧民。此前，秦国倒也曾灭亡过巴、蜀等小国，均顺利化为己用，以为秦国粮仓。但此次并吞六国，秦的脚步切切嘈嘈犹如琵琶急骤：公元前230年，秦灭韩；公元前225年，秦灭魏；公元前223年，秦灭楚；公元前222年，秦灭赵、燕；公元前221年，最后一个东方大国齐覆灭。不到10年，尽取天下，难免有些"消化不良"。西汉开国皇帝刘邦就做了近30年楚人，而后才成为秦民。一个赵人，若有幸自公元前260年的长平之战（当时秦军放走了赵国200多名童子军）生还，更完全可能带着这样"不愉快的"记忆再历秦灭赵战争，而后成为秦朝臣民。"一代新人换旧人"尚需时日。秦太子扶苏进谏的所谓"远方黔首未集"说的便是这种情况。

　　民心未定，被迫蛰伏民间的原六国势力仍旧蠢动，本就存有反叛的温床。分封虽得一时人心，但亦埋下"天下散乱"隐患，数代之后极易成为武装割据势力。刚经大争之世，金戈刀剑之声犹在耳旁，焉能再添"分封复乱"火种。秦朝君臣必属意加强中央集权，加快融合进程。"不法先王"，断去分封旧制，全部改为中央派人管辖。正向则统一文字、货币、历史、车轨，立起"官方唯一认证"的标准化大旗，广修"高速公路网络"，将单一政治中心的控制力延伸至领土四方；反向则推波助澜六国往事风化，甚至直接粗暴销毁六国故纸。洗去旧色，好着新裳。如此，六国消声王侯寂灭。理论上，今后秦朝大地应再无裂地称王之事，中央皇权稳坐大一统王朝。始皇帝居中称"朕"，独占正朔，应是再无旁忧。

政治制度牵涉国家根本，直指国家安全。诚如李斯所说，诸侯割据数代必反，反则生乱。论功分封—叛乱—镇压—论功分封……循环反复，未有尽时，国家永无宁日。社稷宛如在流沙上起高楼：疆域越广大，分封诸侯越多，帝国中心对边缘地区的控制力越弱，越容易崩塌。这样的政治制度绝非可供国家安全依托的理想选择。制之既失，谈何纠政？故郡县之成，乃是中国政治制度史上的一次重大进步，功在千秋。郭沫若曾作《十批判书》，其中有《吕不韦与秦王政的批判》一篇，从"人本主义"立场出发将秦始皇大骂一顿。毛主席读到此文后回诗一首，其中说道："孔学名高实秕糠。百代都行秦政法，十批不是好文章。熟读唐人封建论，莫从子厚返文王。"子厚是唐代政论家柳宗元的字，柳曾作《封建论》一文驳斥分封支持者。毛主席这首诗充分肯定秦国的郡县制。中国历朝历代的政治制度基本上是以秦制为蓝本的。

但五千年的岁月也告诉我们，历史演进复杂诡谲，充满变数。秦统一六国仅15年后，祖龙崩戍夫叫，很快十八路诸侯就

第二章

纷纷举起反秦大旗，齐、楚名号重现江湖。一片厮杀呐喊宛如六国复生，"楚虽三户亡秦必楚"的谶言四处流传。大力推广郡县制的秦仍旧亡于内乱。既然郡县制有功无错，危害秦社稷之安的显然另有原因。

"四海之内皆工地"

秦始皇是历史上有名的喜好大兴土木的皇帝。秦朝从统一到灭亡，到处在开工建设，全国就像"一个大工地"，最有名的就是万里长城。不妨从现有的史料及考古遗迹一窥当年秦长城的全貌：据《史记·蒙恬列传》记载，秦长城西起甘肃省南部，东至辽东半岛东北部一带。大部分修筑在河流的分水岭上，沿溪亘岭，东西无极。有学者考证后认为其全长约 1500 公里。从几处保存较好的遗迹来看，长城高 3 米有余，底宽 4 米有余，顶面可能在 1.5 米左右；每隔 0.5—1 米筑有垛口、小城障等配套设施，形制恢宏。修筑方法除土块石片垒砌以外，还有"堑洛"一说，即在一些地段（如洛河沿岸）削掘河流两岸峭壁以作为防御工事。在修缮利用北方列国故长城的同时，亦不乏本朝新筑。无论怎么看，长城都是一个大型工程建设项目。

秦长城并非孤立存在的巨型防御工事。长城、九原郡、秦直道"三位一体"才构成秦王朝北疆的整体军事战略布局。九原郡是秦将匈奴逐出阴山以南后，在后河套地区新设的行政区划，包括一气在黄河南岸边新修的几十座县城，而后大力移民屯戍，为前方大军建立稳固的政治经济支点，避免秦军过于突入北境。又修直道，自咸阳直通九原郡，全长1500余里，提升军队远程投送能力。一旦事态危急，精锐部队即可直接从首都驰援抗匈前线。从军事安全的角度而言，考虑得不可谓不周详。筑墙、开城、修路……无论怎么看，都是一个集合军事、交通、生活、生产（可能还有娱乐）等功能的综合立体大型工程建设项目。

嬴政的基建野心并未止步于长城综合防御工事建设。与长城同期进行的工程至少还有阿房宫（新王朝的皇帝居所）、骊山陵（秦始皇陵）、秦驰道（帝国高速公路网）、灵渠（水利工程）等多项。阿房宫气势磅礴，仅正殿设计面积就达8万平方米以上；骊山陵总面积有56.35平方公里之巨；陇西、三川、南阳南、河内广阳、辽东，五条交通干道四通八达；无一不是建筑史上的鸿篇巨制。在秦王朝存续的短短15年间，四海之内犹如巨大工地，采石伐树，和泥运土，日夜忙碌不休。以至于诸如为六国迁往咸阳的贵族富商营造宫室等"安居工程"项目，虽也所费不菲，但很少为人提及。

最终为这些基础设施建设买单的都是秦国百姓。那么，为支撑上述令人观之心惊的建筑规划，秦究竟征用了多少人力呢？

第二章

据传，长城是蒙恬30万大军花了4年时间修的，其实筑城者中还有征发的民夫、服刑的犯人。直道、驰道的修建则无具体数目。当然，最扎眼的还要数阿房、骊山。《史记》中有一处称秦动员70余万人"穿治骊山"，另一处又称有70余万"隐宫徒刑者""分作阿房宫，或作丽山"。也就是说至少有70余万人在阿房、骊山的建筑现场劳作。他们大多为青壮年男子。同样有民夫，有犯人。秦二世时，陈胜的张楚政权大军一度杀过函谷关，进逼咸阳。危急之下，秦后期名将章邯仅从骊山工地就火速拉起了一支大军，策应秦军精锐中尉军，一举在戏水杀败起义军几十万人马。要知道中尉军官方编制仅2万，就算战神白起在世，以少胜多亦有极限，只能说明秦在骊山仓促拉起来的队伍规模必然可观。徭役之外再加兵役，有学者推测，保守估计每年秦王朝在外服役的青壮男性在200万人以上，累及家属更是千万级别。与此同时，秦朝的总人口也就4000万有余，也就是说几乎举国上下都为秦皇流血流汗，被秦皇官吏驱使奔走，疲惫不堪。若问被征发者谁，在秦朝答案是"被征发者，所有人也"。其中因疲病交加而倒伏于道者大概也在所难免。况秦律严苛，动则杀伐，传说为避免走漏消息，骊山陵修成后殉葬工匠也有千人。以各种原因葬身长城脚下亦不稀奇。

"孟姜女哭长城"的传说就是在这种历史背景下出现的。孟姜女史上确有其人，最早记载见于《礼记·檀弓》，称"杞梁死，

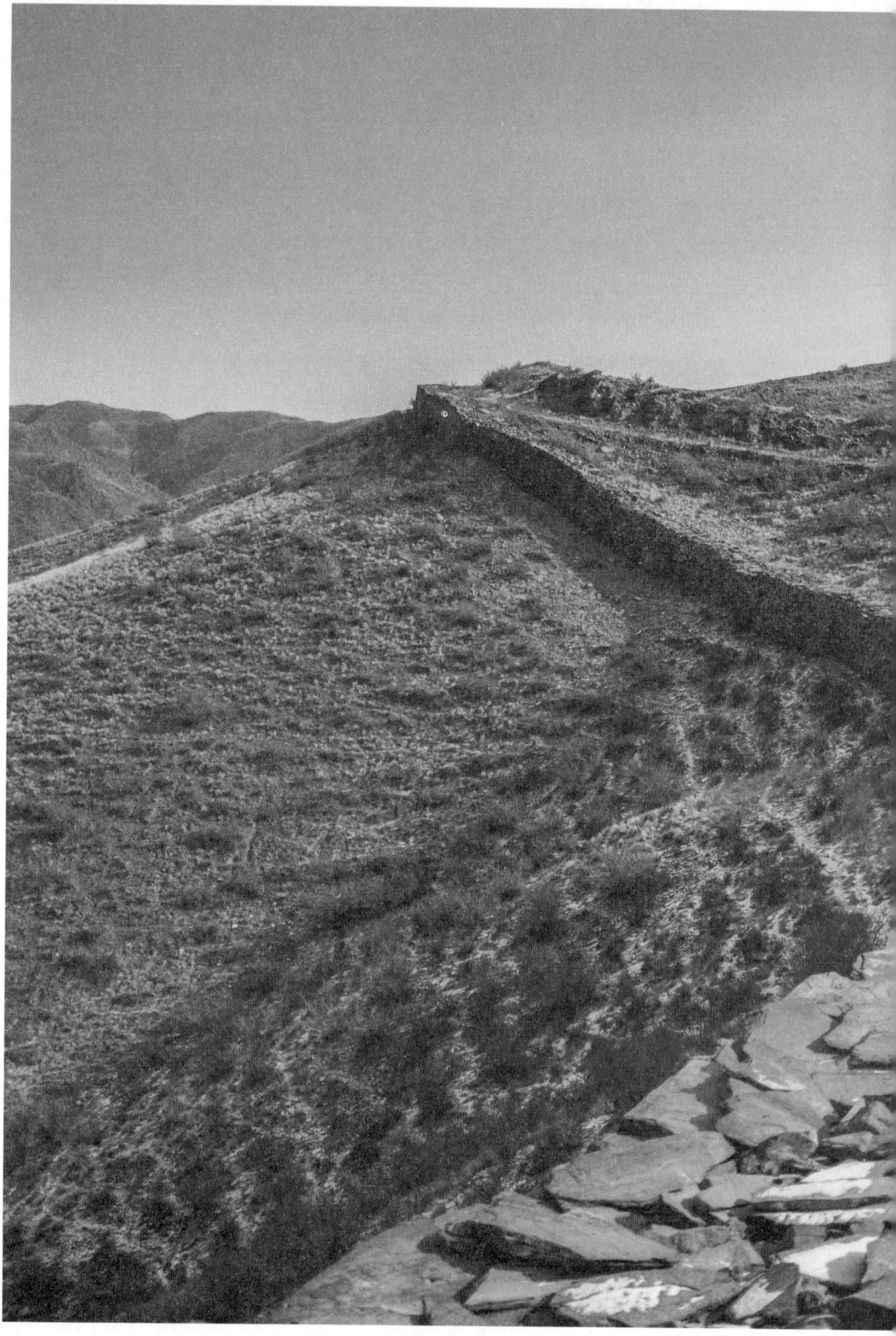

秦长城遗址

其妻迎其柩于路而苦之哀"。史载，"杞梁之妻善哭其夫而变国俗"。后来随时间推移，哭的威力越来越大，汉时孟姜女已经哭崩齐国城郭，而哭崩长城的故事版本大概是从唐中期之后开始流传的。"孟姜女哭长城"故事本身仅是后人穿凿附会之作。不过，传说、童谣、预言等经常可被视作民间舆论的具体形态。后世之所以有这样的故事流传，实际上反映了秦朝治下百姓生活的疾苦。

秦经大争之世立国，本该与民休息，恢复生产，涵养民力。但新王朝却反其道而行之，在全境范围内频繁征调，大兴土木。人民饱受滋扰，正常生产活动难以维系，税负却不断增加以填补国家财政巨额的基建支出。与此同时，除长城、灵渠外的大部分基建项目，既无明显的公共服务功能，拉经济促生产的效用亦十分有限。阿房宫、骊山陵更纯粹是为统治者挥霍享乐所造。绝大多数社会成员从基建发展中受益甚少，付出甚多，是明显的"建设为君不为民"，或者"发展为君不为民"。秦宫秦陵，秦渠秦道，不知浸泡着多少秦人血泪。当人民基本生产生活没有保障，安居乐业成为奢求，国家根基自然为之动摇。始皇帝驾崩之后，新君非但没有迷途知返、改弦更张，反而变本加厉。鞭笞过度终致难以忍受，一朝民反便再难收拾。阿房未成，社稷已崩，只有早一步修好的长城还在守望这片即将易主的天下。

第二章

秦法"繁如秋荼，密如凝脂"

公元前209年，秦二世元年的一场瓢泼大雨改变了帝国命运。

因为这场雨，陈胜、吴广以及其他共计900名民夫无法按期抵达渔阳（今北京密云）的边防部队报到。那时陈、吴等刚走到蕲县大泽乡（今安徽宿州）附近。按秦律，"失期当斩"，死罪。陈、吴走投无路，揭竿而起，由此点燃了灭亡秦朝的燎原之火。

人不走到绝境是不会造反的。陈、吴二人能在短时间里拉起一支队伍，除"天下苦秦久矣"之外，直接原因还是秦朝律法严苛，"迟到者斩"。

秦法网之稠密基本算是世有共识。有人称其为"繁如秋荼，密如凝脂"。首先，管得宽。据考证，秦律详细规定了"身高超过五尺五寸但年龄不超过四岁的马匹用来拉车、垦田以及租赁于人拉载货物"，如果想用超过四岁的马匹做上述活计，必须请相关官吏当面丈量检验马匹，合格则在马匹右肩上烙下"当乘"字样，"方可上路"。如乘"不当乘"马匹上街，或弄虚作假，则人要流放，马要充公。其余还有何种马匹能出关，什么马匹能交易等多项规定。作为当时重要的生产生活并军事作战家畜，秦、汉的马政都不算简明，但秦律规定比汉更严。

其次，轻罪重罚。"失期当斩"可能不准确，但违反"马检"的交通规则可是要流放的；再有偷采别人桑叶，价值低于一钱的，罚徭役30天，也就是劳改30天；再有，丢失或损坏公家财产的，汉时只需要照价赔偿，秦时就要坐牢了。

此外，法律的权威完全来自君王，甚至法律本身都可能直接源自君主。有些法条出台全因秦皇的一时兴起。如秦始皇二十九年四月，秦皇君臣登相（湘）山、屏山，见"树木野美"，心生怜惜，口谕"皆禁勿伐"。于是，秦律中这一带就被划为禁伐的皇家自然保护区。这类直接或间接根据王诏、王命制定的法条应该还有不少。当然，也有人以此事证明秦人很早就有了环保意识。孰是孰非，见仁见智。只不过，若君王随意发布律令的话，百姓的生活必定受到打扰。比如，洞庭湖一带的百姓就没法上山伐树取薪了。

秦二世胡亥上位后，为讨得皇上欢心，丞相李斯上《行督责书》，盛赞秦二世执法督责之正确。胡亥听了很高兴，于是"行督责益严，税民深者为名吏"，管得更严了，还"深督轻罪"，罚得更狠了。百姓苦不堪言，"动辄得咎"，甚至到了触犯法律"不可避免"的程度。犯法的后果除了上述罚钱、劳动改造、坐牢以外，更重要的是可能引起身份的下跌。秦朝的被统治阶层，也就是编户民（百姓）和贱民（奴仆、刑徒、债务奴等）的身份都可再细分为好几等。如编户民有二十等爵制，不同爵位承担的赋税、徭役、兵役等都不同。写《秦砖》的刘三解就认为陈胜应该是"大夫"爵。爵位能升就能降，编户民和贱民也可互相转换，只不过难度大为不同。"犯法容易,得爵难";向下容易,向上难。特别是秦朝建立后基本没了对外战争,凭军功得爵的机会大大减少,统治者倒是乐于"深督轻罪"。两相作用之下,秦朝身份等级系统也就成了各阶层不断单向跌落的系统,制度弹性几乎丧失殆尽,秦律也就沦为不断侵蚀秦活力的"饕餮"。

由此可见,后期越发严苛的秦律之于秦国家安全而言,其危害直接且深远。一方面,秦律的严酷虽已属世间少见,但其震慑犯罪、维护社会治安的效果仍存在边际递减效应。量刑失当,一味深究,民众甚至将不吝走上极端。若不是因失期与举大义"等死"(同样都是死),陈、吴一队人马就不会起事造反。天下暗伏的反秦势力就不会趁势起兵,各个呼应,形成燎原之势。若非如此,秦朝或可继续苟延残喘数年,乃至数十年也未可知。另一方面,法律过度介入社会生活。无论是有心还是无意,普通的饮食起居、生产生活时刻潜藏违法风险,一旦违法,经常将面临灭顶之灾。这令置身其中的百姓手足无措,只能惊惶度日。社会活力被全面篡夺,怨愤集聚。动荡的种子不断孕育,只待一朝疾风骤雨,便要全面爆发。试问在此情景下,国家又怎能不走向衰亡?

汉朝人述秦事时虽喜欢添油加醋,在妖魔化秦国一事上厥功甚伟,但就"秦律严苛"一项倒并未冤枉秦人。汉高祖刘邦攻入秦都咸阳后卖的第一个人情,就是"悉除去秦法",仅与父老乡亲"约法三章",即除"杀人者死,伤人及盗抵罪"外不管。这便是对秦律的反动。之后虽大体"汉承秦制",汉朝中央政府还是在秦律的基础上添加了人文关怀的成分,轻徭薄赋,与民休息,体现了切身经历过秦律那一代人的思考。

扶苏之死与政权转型之败

"马上得天下,马下治天下。"这是历代王朝治理天下的基本法则。然而,秦朝却未能完成这种治理思路的转型。

众人皆知,秦二世胡亥得位不正,不得民心,关于秦末期动乱便有个永远绕不过去的历史假设:若二世皇帝不是胡亥而是扶苏,秦朝的历史会不会改写?

扶苏,秦始皇嬴政长子,本就是皇位第一顺位继承人,同时还是秦始皇临终前指定的合法继承人,素有贤名。生前,政敌赵高都赞其"刚毅武勇,信人而奋士";殁后,起义农民军首领陈胜、吴广亦知"当立者扶苏""百姓素闻其贤而不知其死",故决定借其名义打出"伐无道,诛暴秦"旗帜。这些都说明扶苏是个在朝野均有一定认可度和号召力的政治人物,但因触怒皇帝被发落至北疆和蒙恬一起守长城。公元前 210 年秦始皇于巡游路上急逝时,扶苏正远在北疆,无从得知父皇遗诏真相,被胡亥、赵高、李斯叛乱三人组的伪诏所骗,引颈自杀,使秦朝错过了另一

第二章

种可能的治理路径。

扶苏的治国理念恰恰是主张"马下治天下"。《史记》记载，扶苏之所以触怒秦始皇系因多次直言进谏。在天子发威欲"焚书坑方士"时，扶苏挺身谏言称"天下初定，远方的百姓尚未归附。诸生多诵读孔子之书。父皇行重法，儿臣恐天下不安，望父皇明鉴"，反对父亲的暴虐之举。显然，公子扶苏主张宽容慎刑，重视仁义道德，安抚民心，与始皇帝的执政风格大相径庭。沙丘政变中，本该辅佐新主的丞相李斯之所以变节，与扶苏政见不合也是重要原因之一。扶苏与秦始皇君臣之间在政治理念上的分歧，自然可被视为儒、法之争，但更深层的内涵乃直指政权转型问题，即一个军事攻伐型政权在胜利之后是否转型为文臣治理型政权的问题。汉人贾谊亦做此论，其名篇《过秦论》中遍举秦暴政，其中便有"取之守之无异也"一项，即亡于转型失败。围绕转型问题，象征改革的扶苏和顽固守旧的李斯等人产生了矛盾。从对扶苏处置的暧昧性看来，始皇帝可能也意识到转型的必要性（当然也可能仅仅是出于父子天性），只不过碍于过去成功的傲慢和天子的威严难以直接转圜。犹豫再三还是在临终时传位给扶苏，也意味着始皇帝最终对扶苏的认可。可惜的是，扶苏之死，使柔性治国的方案胎死腹中。

那么，为何秦国崇尚法家的治国之道到了秦朝就行不通了呢？要知道，秦国勃兴于西域，出函谷，吞天下，成霸业。若以结果论处，自是当之无愧的成功。欲知其何以亡，当知其何以兴。或许还得回到秦国鲜花着锦、烈火烹油的全盛时期，方能一探究竟。

众所周知，秦立国 500 余年，雄主、贤臣、名将辈出。但若问谁能集中代表秦国的特质，多数人恐怕还是要答"商鞅"。商鞅系秦孝公时期的名臣。其人史上多有争议，恨不得跳出来骂其"匹夫"者历朝历代绵绵不绝。但不可否认，正是商鞅主持的变法改制令秦国国力有了重大飞跃，其影响在商鞅本人被"卸磨杀驴"后依然显著。"（秦）后世仍遵商君之法"，百年来余韵不绝。秦制的基本理念和框架即由此而来。后世传有《商君书》一作。尽管此作大体成书于商鞅死后，但确系对其政治思想和治国方法的总结，其中有些还直接体现为秦的政策或法律，从此书当中可窥见秦庞大的国家机器赖以维系运转的精神原理。

表面上看，《商君书》基本思路非常清晰，就是要求国家组织形式严格为国家目标服务。在战争年代，秦国的国家目标只有一个：富国强兵。整个国家的运作都围绕该目标进行，即所谓"秦以耕战立国"。除了种地，就是打仗。种地也是为了国家积累财富以供军需。其余任何诗书礼乐，甚至仁义廉耻皆为"虱"或"恶"，也就是国家的寄生虫，必须以强力排除。有效驱使百姓专注耕战，摒弃"恶虱"的统治秘诀则在"利出一孔"。在国家掌控所有生存资源的前提下，关闭除农、战以外所有个人生存通道或空间，令农业成为人民唯一财富来源，战争则为唯一出路。如此，"民之见战也，如饿狼之见肉"，秦军自然成为战场上攻无不克，令对手闻风丧胆的"虎狼之师"。其实在春秋战国时期，各诸侯国都在想方设法动员民力支撑兼并战争，也或多或少推进军事化改革政策，但实施得都不如秦彻底，每一个细胞、每一个毛孔都在为耕战使劲，民力高效转化为国力，对秦的暴兴功不可没。

然而，《商君书》对民力的认识并不止于此。此书最匪夷所思的一点在于将人民利益和国家利益对立起来。富国绝不等于富民，强兵绝不等于强民；相反，主张"民弱国强"，即国家要想长治久安，百姓就得保持弱小。真正的强国之君要知道如何激发百姓的潜能，更要清楚如何扼杀这种潜能。因此，《商君书》视对外战争为一种有效消耗民力、维持国家统治秩序的手段。因为只有以外攻内，"持续地将百姓的财富和能力用于战争，才能使他们一直弱小下去"。在这个逻辑下，战争非为攫利反为消耗。秦国王权欲以此"孔眼"榨干民间任何可能对政权产生威胁的潜力。换言之，秦本质上是一个奇特的"自攻之国"，以消耗内部社会的物质、精神财富为己任，生机勃勃之时，便已埋下衰败之根。我们可能还顺带发现了秦始皇热衷于大兴土木的另一个理由。毕竟秦朝建立时大规模的兼并战争业已结束，"胡人不敢南下而牧马"，外敌亦不足为惧。传统的以战弱民的老路行不通，大型工程建设就可作为替代选项——尤其是那些宫室、帝陵，对民间财富的增加毫无裨益。

但事与愿违，一旦消耗超出社会所能承受的极限，或者只须超过国家机器所能控制的极限，国家自然就面临崩溃。因"全民皆为帝王耳目"不可实现，秦未能如《商君书》倡导一般取消官吏阶层，仍是个吏治国家，兼用"连坐"制度弥补统治技术之不足。"深督细罪"，国家机器运转成本很高，越发容易崩坏。实际上，等不及秦朝末期，中央王朝的统治机器就已经摇摇欲坠。诸如萧何这样可10年间跃至郡卒史的"优秀零件"早已无心工作，有心谋反。民意疲惫，民力衰微，但拿起锄头棍棒反抗的力气还是有的。陈、吴起兵，宛如在秦社会这个充满民怨民怒的火药桶里炸开第一颗火星。很快，起义运动就成燎原之势，秦亡无可挽回。

纵观历史，秦朝覆亡是多种社会矛盾叠加的结果。其中，主要是忽视了民生安全与社会安全。大兴土木，强征民力，搜刮民脂民膏，加剧了人民困苦与激愤。此外，秦暴兴暴亡也与秦制繁多苛刻不无关系。秦制于秦，即便在兼并战争时期尤有可取之处，但在坐拥天下的背景下，至少应承认"此一时彼一时"，甚至"昨是而今非"。到了秦朝后期，鉴于严峻的社会矛盾，政权转型变革就显得尤为重要，只可惜，被视为"改革者"的扶苏为矫诏蒙骗，自杀身死，徒增后世文人学者对秦朝政权转型的幻想。

参考文献

1 李开元：《秦始皇的秘密：李开元教授历史推理讲座》，中华书局2009年版。
2 李开元：《秦崩：从秦始皇到刘邦》，生活·读书·新知三联书店2019年版。
3 刘三解：《秦砖大秦帝国兴亡启示录》，北京联合出版公司2020年版。
4 柳宗元：《论秦始皇》，上海人民出版社1974年版。
5 ［英］爱德华·伯曼著，姜琳译：《秦俑两千年：关于秦俑的一切想象、现实与未知》，百花洲文艺出版社2020年版。
6 ［美］陆威仪著，王光亮译：《哈佛中国史（第一卷）早期中华帝国秦与汉》，中信出版集团2016年版。
7 ［日］西嶋定生著，顾姗姗译：《秦汉帝国：中国古代帝国之兴亡》，社会科学文献出版社2017年版。

第三章
靠军事力量维系的大汉王朝

第三章

很多人都看过《汉武大帝》这部电视剧，从中可以领略到汉武帝的文韬武略，该剧基本反映了汉武帝开疆拓土、休养生息、治国安邦的整个过程。史学上所指的汉朝，系指西汉和东汉。两汉前后历时400余年，可谓是中国封建社会延续时间最长的朝代。汉朝不仅在政治、经济、军事方面拥有强大实力，而且在思想、文化、科技、艺术等方面也达到较高的境界。作为中华民族大家庭中人口最多的汉族的称谓，也始自汉朝。此外，像汉字、汉语、汉服，也皆因汉朝而得名。

恩格斯说过："古代部落对部落的战争，已经开始蜕变为在陆上和海上为攫夺家畜、奴隶和财宝而不断进行的抢劫，变为一种正常的营生。自有国家之日起，为了利益的军事战争，就成为国家政治中的一项重要内容。"中国很早就有"无农不稳、无商不活、无兵不安"的古训。其中的"农""商"都是发展要素，而"兵"是安全要素。安全是发展的前提，发展是安全的保障。对于任何事物不能只追求一个方面，过犹不及。我国古代重要兵书之一的《司马法》有云："国虽大，好战必亡；天下虽安，忘战必危。"当然，古代王朝衡量国家安全与否，标准与现在不一样，主要取决于国家军事实力的强弱。治理一个王朝，也需要兼顾安全与发展的关系，既不能过分注重武力征伐的作用，忽视社会与民生，也不能废弛武备，偃甲息兵。

两汉时期因过度重视军事安全，把主要财力投入到治理边患、防止异族入侵掠夺上，忽视了经济安全和人民安全。不过，处在当时历史背景下，从传统安全意义上讲，维护国家领土，保护百姓生命财产，大举兴兵、

第三章

武力征伐是最直接、最有效的办法。多年的军事征战、武力清剿，确实使两汉赢得长时间的安宁环境。边患既除，百姓才能得以安居乐业，社会政治、经济、文化、科技才能有所发展。两汉时期的经济、文化成就主要是在和平稳定时期完成的。

纵观两汉历史，由于异族入侵，边患不断，汉王朝大部分时间用于东征西伐，南攻北讨，借以平定边患，由此也耗尽了国力，导致两汉后期国库空虚，社会凋敝，民不聊生，最终群雄并起武装割据，社会陷入更大的混乱，东汉政权在战乱中衰亡。古人讲"以史为鉴，可以知兴替"，我们从一些历史故事中，可以探析汉王朝维护国家安全的基本思路和做法。

第三章

凿空之旅：以军事为目的的外交使团

中国自古就是一个多民族国家，以汉族为主体，伴有所谓南蛮、北狄、西戎、东夷之说。如何妥善处理各民族间的纷争与矛盾，始终是困扰历代王朝统治者的一个大问题。汉武帝刘彻即位后，西汉面临的最大威胁是西部、北部的匈奴之扰。匈奴是战国末年中国北方兴起的少数游牧民族之一，发端于阴山山麓，是一个马背上的民族。他们体魄强健，骁勇善战，人人擅长骑马射猎。由于生存的自然环境比较恶劣，遇到风雪灾年，匈奴骑兵就大举南下中原，掠夺财物。公元前215年，匈奴被秦将蒙恬赶出河套以及河西走廊地区。后来，匈奴趁秦末汉初天下大乱之机，又发展壮大起来，屡次进犯中原，对新建立的西汉政权造成极大威胁。汉高祖七年（公元前200年），刘邦曾被匈奴困于平城白登山（今山西大同东北）七天七夜，后来用计才得以脱逃。通过这次历险，刘邦对匈奴滋扰心有余悸，开启了对匈奴的和亲政策，即将汉室公主嫁给匈奴单于，形成事实上的翁婿关系，以稳定边疆，加之西汉王朝初定，财力有限，汉初对匈奴用兵非常审慎。汉武帝时期，一方面采取轻徭薄赋，在全国实施均输平准政策，社会经济得到很大发展，财力充盈；另一方面，匈奴滋扰不断，汉武帝决定采取合纵连横之策，旨在清除北部边患，遂决定向西域派遣使者，沟通联络。

从历史地理学上讲，古人所称西域，泛指玉门关、阳关以西广大地区，主体包括今新疆天山南北麓至葱岭以东（帕米尔高原）之间。若更广一点说，西亚、印度、中亚、黑海沿岸、东欧也是古人所称西域之地。当时，在西域地区分布着大月氏、乌孙、大宛、龟兹、于阗、沙车、鄯善、大夏国等大大小小数十个政权，其人口规模不等。西域诸国以牧业为主，依山傍水，逐水草而居。为获得较好的自然生存环境，各国之间相互驱逐、兼并，彼此互不隶属。当时，整个西域地区均被匈奴所控制，中原通往西域必经之路的河西走廊也被匈奴截断。

汉武帝急于沟通与西域各国的联系，打开通往西域之路。当时的大月氏曾被匈奴攻破，其国王的头颅也被匈奴人割下当作酒杯。据史载，匈奴人打仗时通常将敌人的头颅割下，作为战利品，系在马缰绳上。可以说，大月氏与匈奴有不共戴天之仇，但迫于匈奴威压，只能继续西迁，来到伊犁河谷一带。汉武帝得知西域各国久受匈奴欺凌，决定联合大月氏夹击匈奴，张骞有幸被选为使者。

张骞，字子文，西汉汉中成固（今陕西城固县）人。汉武帝刘彻即位时，张骞已在朝廷担任侍从官。据史载，张骞是个讲信重义、豁达之人。当汉武帝招募使节时，张骞主动应募，自愿担负起沟通大汉王朝与西域诸国联络的大任，由此张骞也被称为"中国走向世界第一人"。

公元前139年，张骞一行数百人，从长安出发，踏上出使西域之路，并很快进入匈奴控制区域。不久，张骞一行被匈奴骑兵发现，遭到扣留。匈奴单于为阻止张骞西行，采用各种手段，威逼怀柔，包括将匈奴女子嫁给张骞为妻，迫使其放弃联络西域的念头。

时间一晃过去十多年，已经在匈奴娶妻生子的张骞始终没有忘记使命，不改初衷，心中念念不忘大汉王朝的皇恩，并想方设法逃离虎口。终于有一天，趁着匈奴放松对自己的管控，张骞带领使团逃离了匈奴营地，再度上路。在匈奴的十余年里，张骞不仅学会了匈奴语，还穿上了胡服，这为其穿越匈奴管控区带来很多便利。张骞多次躲过匈奴追杀，并经大宛帮助，历经千辛万苦，总算来到大月氏。张骞向大月氏说明大汉朝的强盛富庶以及先进的农耕文明，希望联合征讨匈奴。不过，此时的大月氏似乎忘记了世仇，不愿意再与匈奴为敌。在西域期间，张骞除了努力说服大月氏外，还实地调查了解西域各国地理条件、风土人情、社会经济、军事实力。此外，张骞还通过西域国家了解到乌孙、康居、奄蔡、安息、条支等国情况，地理范围涵盖从北部巴尔喀什湖、咸海、里海地区、伊犁河流域，南到伊朗、伊拉克、阿富汗、印度等广大地区。

张骞在大月氏停留一年，一直试图说服大月氏国王，但最终无果，只好返回长安。张骞一行从出发时的几百人，回到长安时，使节团只剩下张骞和助手堂邑父。张骞回到长安，向汉武帝详细汇报了出使情况，汉武帝非常高兴，任命张骞为太中大夫、堂邑父为"奉使君"。

公元前119年，汉武帝派张骞第二次出使西域。此次张骞携带大量布帛金币、牛羊马匹，并有随从300余人。这次之所以有如此大阵仗，是因为在张骞第一次出使西域期间，汉朝对匈奴展开三次重大军事行动，并取得决定性胜利，威震西域，重创匈奴。第一次是公元前127年，卫青大败匈奴，控制了今河套以南地区。第二次是公元前121年，匈奴在霍去病的打击下出现分化，浑邪王降汉，河西走廊完全为汉朝控制。第三次是公元前119年，卫青、霍去病分道出击，大败匈奴，使匈奴逃遁至漠北。经过这三次大规模反击，西汉取得军事和战略上的主动，前往西域的通道彻底被打开。

第二次出使西域，张骞一行顺利抵达乌孙。当时，正值乌孙内战，张骞无法联络乌孙共同抗击匈奴，却与乌孙建立起正式联系，双方互派使节。张骞指派随行的多位副手分别奔赴大宛、康居、大月氏、大夏等国。公元前115年，张骞从西域返回长安，被任命为大行，成为汉朝主管对外事务的最高官员。翌年，张骞

第三章

> 张骞出使西域

靠军事力量维系的大汉王朝

病逝，被封为"博望侯"。

张骞两次出使西域，第一次是出于纯军事目的，即联合大月氏抗击匈奴，但张骞所发挥的作用并不止于军事本身，相当于在中原与西域之间架起一座桥梁，其意义远大于军事目的。如今，我们正在构建的"丝绸之路经济带"，若说最早是由张骞开通的，一点也不为过。此后，在张骞开通的这条丝绸之路上，中西之间商贸活动日趋活跃，往来最为频繁、人员最多的，就是来自不同国家和各个地域的商人。

在张骞之后，汉武帝又多次派遣使团出使西域各国，每年少则三五批，多则数十批，大大强化了汉朝与西域各国的联系。在向西域大量派遣使节团的同时，汉武帝也通过武力征伐那些投降匈奴、与汉朝为敌的政权。汉武帝以武力为后盾，通过恩威并施、干戈玉帛并用等手段，经过数十年的努力，最终将匈奴赶出西域，使西域各国摆脱匈奴影响，并把汉朝的政治、经济、文化扩展到该地区，沟通中西交往，稳固和拓展了西部疆域。

古代从军参战的大部分是青壮年，即所谓壮丁。战争杀戮，直接导致西汉人口大量减少。同时，行军打仗需要物资供应，运输补给也需要耗费大量人力、财力，压减挤占了从事生产劳动的人口，影响了经济社会发展。汉武帝过度重视军事力量在维护王朝安全中的作用，实施"外攘四夷"政策，征伐不断，导致国家财力亏空，经济困顿，社会危机四伏，因此也成为西汉王朝的安全隐患。征和四年（公元前 89 年），汉武帝颁布了类似于检讨书性质的诏书——"轮台诏"，亦称"轮台罪己诏"，承认过度征用民力给百姓造成的痛苦，表示不再穷兵黩武，与民生息。

李广难封：说明什么？

唐代诗人王昌龄的名篇《出塞》大家较为耳熟能详，其中后两句为："但使龙城飞将在，不教胡马度阴山。"这里的"飞将"指的是指汉文帝、景帝、武帝时期的三朝老将李广。

李广，陇西成纪（今甘肃静宁西南）人，其祖先李信做过秦朝将军，曾俘获过燕国君主太子丹。李广家祖传射箭技艺，具有百步穿杨本领，到李广时已达到炉火纯青地步。李广家族都在朝中担任过仆射一职，可谓军事世家。

汉文帝十四年（公元前 166 年），匈奴大举进犯萧关，李广作为良家子弟报名参军抗击匈奴，因擅长骑马射箭，冲杀勇猛，斩敌较多，便做了汉朝侍郎。汉景帝即位时，李广做陇西都尉，后又做骑郎将。吴楚七国之乱时，李广参与了平乱，并夺下敌人军旗，但因接受梁王授给的军印，回朝后没有获得奖赏。

李广行军打仗以作战勇敢而闻名，总能克敌制胜，屡建战功，为此也遭到嫉妒。典属国公孙昆邪向皇帝进谗言说："李广的才气天下无双，可是他凭借自己的才能，屡次与匈奴作战，时间长了，恐怕会失掉他。"于是，汉景帝调李广到边境地区的上郡做太守。李广先后做过北地、雁门、代郡、云中、陇西等郡太守，可谓"太守专业户"，俸禄停留在二千石。

汉景帝死后，武帝登基，武帝身边亲信认为李广是个名将，应该重用。因此，汉武帝又把李广调回朝廷，做了未央宫卫尉。李广因骁勇善战不仅在朝中大名鼎鼎，而且在匈奴军中也是威名远扬，匈奴称其为"汉之飞将军"。

公元前129年，匈奴大举南下，李广率部迎击，但因寡不敌众，李广被俘。匈奴单于仰慕李广威名，没有轻易杀他，而是命令手下将李广活着押送回来，好生伺候。李广躺在担架上装死，并伺机夺走了匈奴骑兵的战马，慌忙脱逃。回到京城后，朝廷以指挥不利为由，将李广投入大狱。后来家人用钱将其赎回，免于死罪，贬为平民。在家赋闲期间，有一次李广行游打猎，远远望见草丛中俯卧一只老虎，若隐若现，李广搭弓射箭，直中老虎。李广走近一看，原来是块大石头，箭头竟射入石中，拔都拔不出来。

汉武帝派卫青、霍去病征讨匈奴，李广多次要求随军出征，汉武帝以李广年事已高为由，没有答应。元狩四年（公元前119年），汉武帝终于答应李广请求，让其跟随大将军卫青出击匈奴。到达前线后，卫青命令李广从侧路迂回包抄，合击匈奴，李广不

第三章

从，自称与匈奴征战多年有经验，要求担任先锋，从正面进攻。卫青不准，无奈李广只好从命，按计划执行。其实，在出征之前，汉武帝已经告诫卫青，说李广已老，命运不济，不让他与匈奴正面作战，怕他影响整个战局。果不其然，李广在包抄过程中迷了路，没有在预定时间与卫青会合，使战役未达预期效果，让单于跑掉了。卫青准备向皇帝禀报详情，李广担心受到军法审判，拔刀自刎。

李广从军抗击匈奴，前后近50年，最后还落得个自刎下场。论与匈奴作战的资历，没人比李广更深，论人品他也不在他人之下。汉文帝说李广时运不济，若是在高祖定天下之时，凭其军事才能，封个万户侯不成问题。汉武帝认为李广"数奇"，即命不好。这些显然都是托辞。李广曾对观测天象的占卜师抱怨说：自从汉朝抗击匈奴以来，没有一次我不参加，可那些校尉以下官吏，论才能不及中等，因抗击匈奴立功封侯者不下几十人，而我却没有因为战功得到封邑，难道是我相貌不该封侯，还是命该如此？

汉承秦制，从秦代以来，封爵制度还是基本能体现论功行赏的公平竞争原则的，但这种制度竟然没有落实到功勋卓著的李广身上。相比之下，李广的堂弟李蔡为人和名声均在李广之下，却被封了乐安侯，还一度当上了丞相。就连李广的部下甚至士兵也有人封上了侯，而李广官职不过在九卿之列。"冯唐易老，李广难封",也成为后人议论的焦点,许多人为他感到惋惜。

李广历任数郡太守,征战匈奴,是历经三朝率兵打仗的老将。汉文帝、景帝时期,西汉对匈奴采取和亲政策,实施消极的防御策略,极力对匈奴进行怀柔和安抚,不愿与匈奴交战,将主动投降汉朝的匈奴将领封为列侯,并在与匈奴接壤的边境地区设立"通关市",进行贸易,增加边民往来,维持和平稳定关系。因此,即使李广拥有一身本领和满腔热忱,也没有为国报效之机。卫青、霍去病都是皇帝外戚,有人说,汉武帝不是论功行赏,李广屡立战功,却受排挤,反映出汉朝统治者任人唯亲、压制人才、贪功透过的政治流弊。

可见,李广不得封侯有一定偶然因素,但也存在一定必然性。就说领兵打仗,李广的管理才能也确实是短板。李广仁爱士卒,士兵都愿意跟着他,为他所用,但李广军队纪律涣散,不修文牍,治军过于松散,随意性较强,可见李广缺少帅才特质。同时,作为军人,不仅要能打仗,还要打胜仗。李广带兵打仗取得全局性重大战役胜利的功绩不多,且李广的功绩多数是以个人勇敢换来的,常常是局部胜利,整体失败。可以说,李广空有匹夫之勇,且屡犯错误,影响重大,若说赏罚,最多也就是功过相抵。

李广白首未得封侯,但又有多少万户侯早已化为历史的烟尘,而李广却能留名青史,这也算是一种历史的褒奖。司马迁曾专门为李广作了《李将军列传》。司马迁是一个非常严谨的史官,他的《史记》秉笔直书，对待每个历史人物都要实地调查，不溢美，不虚夸，不替自己仰慕的人物遮丑护短，称得上真实的历史记录。司马迁对李广的评价较为客观，如实地记载了李广总打败仗的事实。后来班固所掌握的史料与司马迁相同，他笔下的李广同样是一个"败将军"，不得封侯。汉武帝为征匈奴、讨百越、拓展疆域，非常重视军事人才的培养，不仅重视被考察对象军事指挥和军事管理方面的才干，更重视军事人才的潜在素质和取得军功战绩的能力，且不问出身门第。显然，败军之将在当时难有前途。

昭君出塞：以政治联姻化解武力征伐

内蒙古呼和浩特市南郊有个著名旅游景点昭君墓，因其坐落在大青山脚下，故又称"青冢"。王昭君是中国历史上家喻户晓的人物，昭君和亲出塞也成为2000多年来百姓竞相传颂的话题。

中国历史上的和亲政策始自西汉时期。从汉高祖到汉武帝采取和亲政策之前的几十年间，匈奴大规模南侵中原就有20多次。汉朝初期，汉匈双方处于一种汉弱匈强的格局，这种客观形势决定了汉朝不断向匈奴奉献子女玉帛、开通关市，以换得暂时安宁。此举形同示弱交好，属于被动应对之策。从匈奴角度讲，接受汉朝的和亲政策，不仅可以得到汉朝的馈赠，还等同于汉朝公开承认匈奴强大。从结果上看，和亲政策在一定程度上缓和了汉匈的紧张对峙局面，为西汉积蓄实力、反击匈奴赢得时间。到汉武帝时期，汉朝国力强盛，不仅拥有数十万的庞大军队，而且势力范围也大为拓展，北达山西、河北，东抵辽河流域，西逾葱岭。汉武帝派卫青、霍去病对匈奴发动的三次大规模战争，大大削弱了匈奴势力，加之后来匈奴内部分裂，使双方对抗格局发生了根本性变化。

可以说，西汉的边疆史就是一部抗击匈奴的历史。到昭君出塞时，西汉和匈奴已经实现近20年的和平相处。王昭君出生在西汉南郡秭归县（现湖北兴山县），17岁时作为良家女子，被招入京城长安。王昭君的少女时代，正值匈奴内部四分五裂，为争夺统治权，各部落相互厮杀，最后只剩下呼韩邪与郅支两股强大势力。建昭三年（公元前36年），汉元帝令西域都护甘延寿、副校尉陈汤调集大军，分两路进入康居，诛杀了郅支单于，并斩杀千余名士兵，郅支残部西逃，从此一蹶不振。这次战争等于替呼韩邪单于除掉了心头之患，令其又惊又喜，同时呼韩邪单于也担心自己落得同样下场。公元前34年，呼韩邪单于上书汉廷，表示愿意入汉拜见汉元帝。翌年，呼韩邪单于来到长安，汉元帝馈赠其大量布匹、玉帛、锦缎。为表示对大汉王朝的感激和忠诚，密切与汉王朝的关系,呼韩邪单于主动提出与汉朝和亲,并保证永除边境之患。

汉元帝命后宫掖庭总管推荐人选,遂有王昭君主动自荐,愿与单于结成姻缘,永结两族之好。王昭君虽是布裙荆钗,却有国色天香之美。中国古代有四大美女,即西施、王昭君、貂蝉、杨玉环。后人将她们的美貌形容为"沉鱼落雁""闭月羞花",其中的"落雁",就是指王昭君。

据传说,昭君出塞那天,汉元帝特意为其送行。见到昭君美貌过人,举止得体,却从未得到临幸,甚为遗憾,顿生悔意,怎奈作为一朝天子,一言既出,也只好眼睁睁看着昭君远去的背影。作为陪嫁,元帝赠送给王昭君大量锦绣、绢帛等丝织品以及黄金、图画等贵重礼物,并颁发诏书,把年号"建昭"改为"竟宁",以象征长久安宁。像这样为和亲专门修改年号,在中国历史上也是绝无仅有。1954年,在内蒙古包头汉代古墓挖掘出土的瓦当上,刻有"单于和亲""千秋万岁""长乐未央"等字符。显然,昭君和亲这件事在当时广为知晓,并已融入百姓的日常生活中。百姓把昭君和亲出塞视为国家长治久安、生活幸福快乐的壮举,由此可以窥见其意义非同一般。

昭君来到匈奴后,先嫁与呼韩邪单于,被尊称为"宁胡阏氏",意思是带给匈奴和平安宁的皇后,生一男,叫伊屠智牙师,被封为右日逐王。呼韩邪单于死后,其大儿子雕陶莫皋继承单于

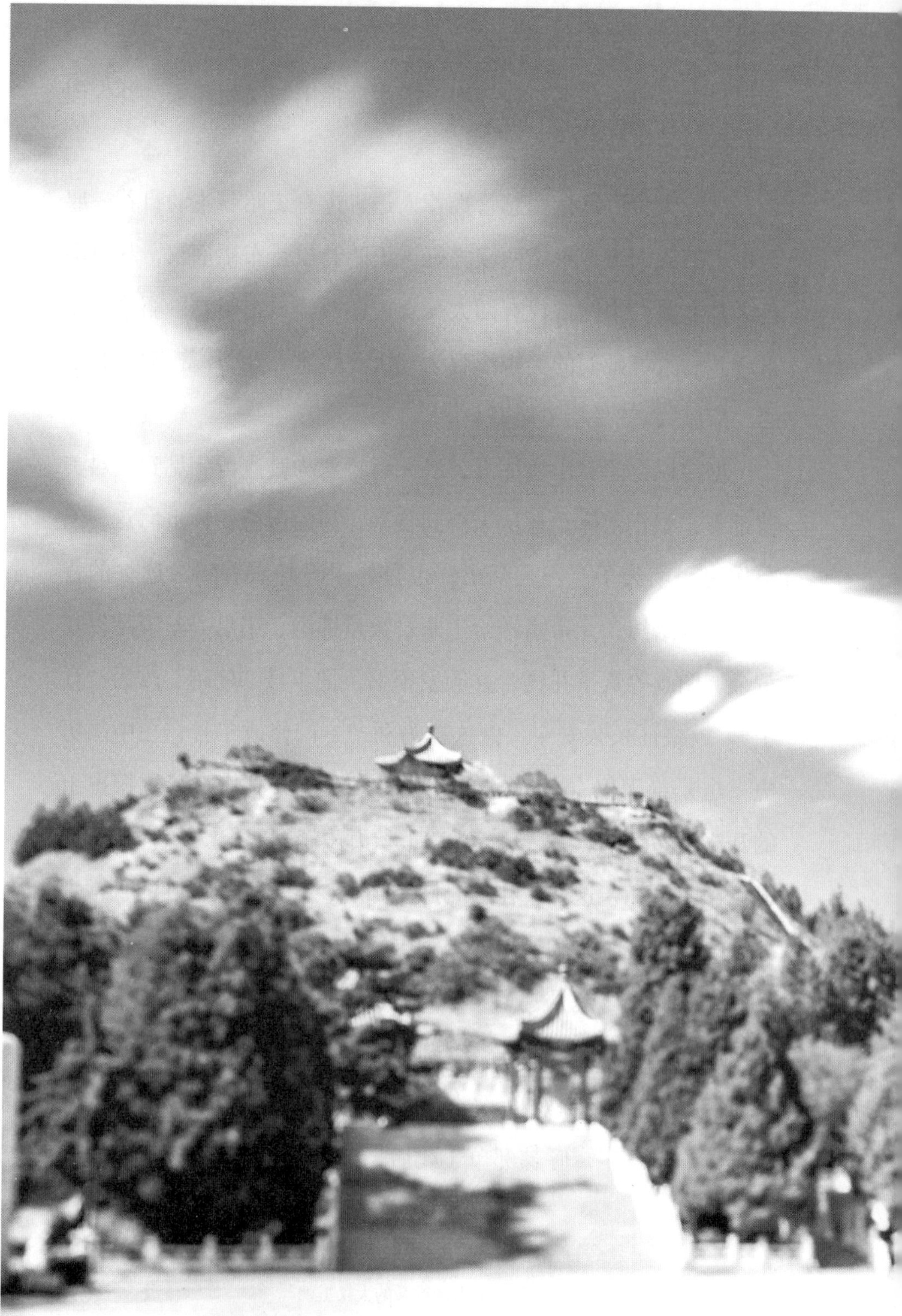

呼和浩特市昭君墓铜像

位,为复株累若鞮单于。雕陶莫皋系呼韩邪单于与大阏氏所生。王昭君上书汉廷,要求回归长安,汉成帝敕令"从胡俗",这样王昭君又嫁给了雕陶莫皋,并生有两个女儿。汉成帝鸿嘉元年(公元前20年)复株累若鞮单于死,此时王昭君30岁出头,之后她一直寡居,为汉匈和平奔走。

和亲是西汉时期处理对外关系的一项基本政策。让皇帝的公主嫁给周边少数部族的首领,王昭君既不是第一个,也不是最后一个。在王昭君之前,西汉对匈奴和西域已有过多次和亲经历。包括汉武帝时期的刘细君、刘解忧都是皇族公主,先后嫁与西域乌孙国王。她们的经历,除了在史书上有所记载外,几乎没有太大的历史影响。王昭君不过是个普通宫女,是西汉朝廷赐给匈奴单于的和亲礼物,为何同样是和亲出塞,王昭君却为千古诗人所讴歌吟唱而经久不衰?我们从历代诗文所反映的主题看,古代文人墨客对王昭君的描述,多是基于对她凄惨命运的同情,把昭君出塞视为与命运抗争之举。

新中国成立后,众多历史、文化学者,从政治、史学角度对这一历史事件进行了客观的评说和探讨,其中一些观点具有启发意义:王昭君作为一介平民女子,进入后宫掖庭不得召见,虽心生悲怨,却能自愿要求和亲出塞,在一定程度上是基于对当时汉匈之间战争与和平态势的理性分析,把和亲出塞作为维护王朝安宁的使命,进一步巩固汉匈之间来之不易的和平局面,体现出一种民族担当精神。事实上，从昭君出塞到王莽政权覆灭，汉朝与匈奴50年左右没有战争，出现了所谓"边城晏闭，牛马布野"的景象，百姓免遭战争劳役之苦，汉匈民族间的政治、经济、文化得以交流发展。

王昭君自幼知书习礼，入宫前已是遍读经书。入宫后，对于朝廷派公主和亲政策的利弊得失，自然是有所耳闻并具有个人见解。所以，昭君和亲出塞既是顺应时代需求之举，也是深明大义、主动担当的表现。后来，王昭君的儿子、女儿、女婿、外孙、侄子、曾孙几代人，为化解汉匈纷争，多方奔走，不避艰险，挽救危局，有的甚至献出了生命。昭君和亲出塞在维护西汉边境安全上的意义不容忽视，值得颂扬。此外，昭君在匈奴期间，积极传播汉族的纺织和农耕技术，把汉朝的音乐、诗歌推广到塞外地区，增强了民族认同感，促进了汉匈文化融合，客观上也起到维护汉王朝统治的作用。但从国家安全的角度看，和亲只能算一种权宜之策，一个弱女子不可能担负起保境安民的职责，封建王朝若要实现长治久安，还必须以强大的军力为后盾。

"大树将军"：一个开国武将的别样命运

自古道："千军易得，一将难求。"在刘秀建立东汉政权的过程中，有大批军事人才汇聚在他的麾下，可谓众将云集，"大树将军"冯异便是其中之一。

冯异，字公孙，西汉末年颍川郡父城县（今河南宝丰）人。冯异自小喜欢读书，手不释卷，对《左氏春秋》《孙子兵法》有很深研究。《后汉书·冯异传》记载："诸将并坐论功，异常独屏树下，军中号曰'大树将军'。"说冯异外出打仗，每当军队安营扎寨，其他将军坐在一起讨论功劳大小、争功摆好，而冯异常常独自退避树下，军中将士戏称其"大树将军"。正是这位"大树将军"帮助刘秀登上了皇位，成为东汉初年德才兼备的名臣名将。

西汉末年，王莽篡夺了汉室皇位，建立了王氏政权，国号为"新"。王莽属于外戚血统，外戚干政成为西汉后期王朝政治的沉疴痼疾。自王莽篡位以来，西汉社会各种灾祸接连不断，天下大乱，民怨沸腾。王莽政权仅维持10余年，各路义军便揭竿而起，烽火遍地，其中规模最大的是绿林和赤眉起义，也包括被夺走政权的刘氏后裔刘縯、刘秀率领的军队。

公元23年，绿林军拥立刘玄做皇帝，实为傀儡政权，恢复汉朝年号，名曰"更始"。由此，绿林军也称为汉军。冯异是王莽政权中的一名小官吏，在南阳郡以郡掾身份监察父城等5个县，与父城县令苗萌共同守城。刘秀当时是刘玄手下的偏将军，奉命前来攻略颍川地区，率兵攻打父城，却屡攻不下，遂决定智取，佯装撤退，引得冯异出城。果然，冯异被汉军生擒，送至刘秀营中。当时，冯异的很多同乡都在汉军服役，他们向刘秀举荐冯异，说冯异为人忠厚、打仗勇武，建议把他留下。冯异也早闻刘秀大名，对其仰慕已久。初次相见，冯异感觉刘秀举止非凡，具有龙虎之气，深深被其折服。他对刘秀说，我一个人留下来，势单力孤，纵有三头六臂，也不会对将军有多大帮助，倘若将军不介意，我愿意回去说服五县归顺将军，带领众将士投奔麾下，以报答将军不杀之恩。刘秀放了冯异之后，冯异果然没有食言，率众投奔刘秀，担任刘秀的文书机要官，并举荐铫期等几个同乡在刘秀手下当差。铫期后来也成为刘秀身边的一员大将，列为"云台二十八将"之一。

所谓"云台二十八将"，指的是光武帝刘秀麾下帮助其一统天下、完成帝业、复兴汉室的功劳最大能力最强的28员武将。汉明帝刘庄在南宫云台阁命人画了这28个将军的肖像，史称"云台二十八将"。范晔的《后汉书》为二十八将立传，称"咸能感会风云，奋其智勇，称为佐命，亦各志能之士也。"刘秀之所以能广揽天下英才，绝非偶然。其实，刘秀本人也是具有敏锐政治嗅觉和军事韬略的战略家，他知人善任，疑人不用，用人不疑，从起兵到建立政权，广纳人才，襄助其完成大业。刘秀率领的军队纪律严明，禁止官兵抢掠，违者问罪，很多人是慕名投奔其麾下。

刘秀的哥哥刘縯担任更始朝大司徒，因居功自傲，并曾与刘玄争夺帝位，被刘玄借机谋杀。亲哥哥被杀，刘秀虽满腔悲愤，但不敢流露出半点情绪。冯异私下劝刘秀隐藏私情，以图大业。刘秀担心殃及自己，招来杀身之祸，便否认对刘玄有不满情绪。冯异则直截了当地说，我既然已经选择了主公，就下定决心与你共生死。后来的历次征战中，冯异一直跟随刘秀左右，不离不弃。

更始元年（公元23年），刘玄想派刘秀去攻略河北（黄河以北），但又担心刘秀脱离控制，放虎归山，难以驾驭。刘秀从前线打了胜仗回来，立即表示效忠更始帝，故意断绝与兄长旧部的往来，既不表功，也不为哥哥举行葬礼，言行举止不改常态，成功骗过了刘玄耳目。此外，刘秀还通过结交皇帝身边的重臣，打消了刘玄的顾虑，最终得以纵马河北，大展宏图，发展自己的势力。

渡过黄河以后，冯异建议刘秀对地方官员进行异地轮换，下郡县体察民情，断理冤假错案，广布恩泽。刘秀采纳了冯异的建议，废除了王莽苛政，恢复汉制，大力整饬官吏，逃犯自首者可得到宽大处理，鳏寡孤独可以领救济粮。冯异还暗中搜集各地二千石官吏的个人资料，判断他们对刘秀的忠诚度，并将这些材料密报给刘秀。这种做法，一方面使刘秀了解到地方官吏的情况；另一方面，也使刘秀更加信赖和倚重冯异。

第三章

同年 12 月，邯郸乱军首领王朗称帝，刘秀奉命自蓟城（今天津境内）征讨。当时正值隆冬时节，刘秀率军日夜兼程，一路上将士们饥寒交迫、人困马乏。冯异四处寻找食物，好不容易给刘秀弄到一碗豆粥，让他驱寒暖胃。随后，刘秀率大军来到南宫，遇上大风雨，刘秀躲进路边茅草屋里避雨，冯异又为刘秀抱柴生火取暖，并找来麦子熬成麦饭给大家吃。刘秀对冯异的忠诚、体贴非常感动。

当时，许多义军首领自称天子，搞得百姓无所适从。刘秀部下也劝其称帝，刘秀拿不定主意，特意把冯异从前线召回来，征询他的意见。刘秀对冯异说，自己梦见乘赤龙上天，醒来心有余悸。冯异一听，就明白了刘秀的心思。他仔细替刘秀分析了天下群雄割据、分崩离析的现状，表示无论从能力、德政还是民心归属上看，称帝已是水到渠成，宜早不宜迟。随后，冯异又召集其他将领，商讨给刘秀上尊号的问题，希望帮助刘秀早日完成帝业。鉴于冯异拥戴有功，建武二年（公元 26 年），刘秀封冯异为阳夏侯。刘秀想称帝，但又不好意思说出来，而是以冯异劝进方式提出，除了基于对冯异的信赖之外，也是因为冯异身为武将，手握兵权，在众将中威望最高，冯异提出的意见，分量自然不一般。

东汉建立后，尽管有人挑拨离间，在刘秀面前进谗言，称冯异独霸关中，有谋反之心，刘秀根本不相信。常言道，伴君如伴虎。冯异自知长期手握重兵，治理一方，担心遭到非议，心里也诚惶诚恐、惴惴不安，多次要求调回京城，但都被刘秀拒绝。后来冯异班师回朝，刘秀向公卿们介绍说：这是我当年起兵时的主簿，替我披荆斩棘，平定关中。刘秀还安抚冯异说：对于国家，咱们义为君臣，恩如父子，不必顾忌闲话。

冯异与叛军多年征战，积劳成疾，于建武十年（公元34年）去世。刘秀闻讯后，非常悲痛，赐谥号为节侯。冯异与刘秀初识，就认为刘秀能成大业，并向刘秀提出收揽民心、隐匿杀兄之仇、以江山社稷为重等建议。冯异武功赫赫，却从不居功自傲，为人低调，谦恭礼让。路上遇到诸将，他总是引车避匿。论资格，冯异是不折不扣的开国元勋，刘秀能够复兴汉室，冯异功不可没。然而，历史上那些帮助皇帝完成帝业的功臣，很多难以善终。西汉时期的韩信与刘邦可谓患难君臣，但韩信最终还是被刘邦除掉。韩信临死前感叹："狡兔死、走狗烹、飞鸟尽、良弓藏、敌国破、谋臣亡。"而冯异却有完全不同的命运，受到谗言也能安然无恙，这固然与刘秀用人不疑有关，也与他的念旧有关，重要的是刘秀在建立东汉政权后，实施"退功臣进文吏"的人才战略，妥善安置武将，赐予食邑，这显然比刘邦诛杀功臣的做法高明很多。冯异对刘秀也忠心不二，两人品性相似，自始至终能相知相惜，成功上演了一段君臣合璧的历史佳话。

两汉时期广纳各种人才，西汉尤其重视军事人才，可谓"治国有文臣、平乱有武将"，并出现过几次盛世。东汉中后期王朝政治黑暗，出现外戚、宦官专权，加之自然灾害不断，土地兼并严重，失去土地的农民揭竿而起，地方豪强势力增大，形成军阀割据之势，中央失去对地方的控制。东汉最终在军阀混战中彻底灭亡，并开启由曹操、孙权、刘备主导的三国时代。从军事因素在维护大汉王朝所发挥的作用看，其兴也军事，亡也军事。

参考文献

1. 翦伯赞主编:《中国史纲要》,人民出版社1995年版。
2. 吕思勉:《中国通史》,新星出版社2015年版。
3. 司马迁:《史记·太史公自序》,中华书局1985年版。
4. 刘乃和主编:《司马迁和史记》,北京出版社1987年版。
5. 钱穆:《中国历代政治得失》,九州出版社2015年版。
6. 中共中央党史和文献研究院编:《习近平关于总体国家安全观论述摘编》,中央文献出版社2018年版。
7. 余太山:《两汉魏晋南北朝与西域关系史研究》,商务印书馆2011年版。
8. 易中天:《两汉两罗马》,浙江文艺出版社2016年版。
9. 许倬云:《我者与他者中国历史上的内外分际》,生活·读书·新知三联书店2015年版。
10. 陈潇:《史记·李将军列传》,中国传媒大学出版社2009年版。
11. 葛剑雄:《西汉人口地理》,商务印书馆2014年版。
12. 方敏、樊恭嵩:《大国防》,上海人民出版社1994年版。
13. 南怀瑾:《历史的经验》,复旦大学出版社1992年版。
14. 任应来主编:《国防心理透视》,国防大学出版社1988年版。
15. 葛剑雄:《统一与分裂中国历史的启示》,商务印书馆2019年版。
16. 王志刚编著:《读史有感悟》,中国华侨出版社2004年版。
17. 朱真:《一看就懂的大汉史》,中国法制出版社2018年版。
18. 飘雪楼主:《汉朝那些事儿》,中国工人出版社2012年版。
19. 葛剑雄:《往事和近事》,九州出版社2018年版。
20. 苑书义主编:《中国历史大事典》,河北教育出版社1988年版。

21　月望东山:《那时汉朝》,长征出版社2009年版。
22　邵文实:《王昭君变文中的昭君出塞路线考》,《齐鲁大学学报》2017年第6期。
23　王国昌:《试析王昭君悲剧形象产生的原因》,《开封教育学院学报》2005年第4期。
24　黄强:《王昭君和亲史实辨误》,《江苏教育学院学报》1996年第1期。
25　蔡长明:《谈民间对"昭君和亲"认识的多样性》,《语文学习》2017年第2期。
26　王栋生:《"大树将军"的气度》,《领导文萃》1998年第12期。
27　刘立祥:《披荆斩棘的"大树将军"》,《文史天地》1996年第3期。
28　胡建忠:《由"大树将军"不争功说起》,《解放日报》2017年3月7日。
29　兰殿君:《刘秀与"光武中兴"》,《文史春秋》2008年第7期。

第四章
中央权威跌宕起伏下的唐朝运势

第四章

唐朝被公认为是中国历史上的盛世，也是中国古代对外影响力达到巅峰的时期。唐朝的外交和军事影响力曾远及今天的中亚，有"黄沙百战穿金甲，不破楼兰终不还"的豪迈；唐朝的精神气质海纳百川，包容会通，有"天生我材必有用，千金散尽还复来"的自信；唐朝生活多姿多彩，文艺繁盛，有"人歌小岁酒，花舞大唐春"的欢愉。一切都令人欣羡和神往。不过，贞观、开元的百年盛世、内外兼修的文治武功，依然躲不过"风流总被雨打风吹去"的历史宿命。8世纪中叶的安史之乱暴露了唐帝国面临的系列问题，打断了唐朝继续强盛的进程。盛极而衰转换之快，更让人心中存疑。

一个粗线条的脉络是：唐朝初期制度完备，国力渐增，开疆拓土；随着与周边政权摩擦增多，边衅屡起，唐廷遂委任节度使手握重权守在四方；经安史之乱催化，节度使泛滥，全国藩镇林立，严重者割据自立；在此背景下，李唐王室又扶持和依赖宦官集团，授予其禁军指挥权，以此平衡藩镇，护卫皇权；最终，地方之藩镇、侧近之阉宦双双做大，侵蚀皇室权威，损耗朝廷物力，大唐遂弱极而亡。以唐朝人的眼光看，上述每一步都是为了江山社稷安全着想，都是在维护大一统的中央集权政权。然而，这每一步都产生了明显的副作用，严重损害了皇室与朝廷的权威。在中国古代的条件与体制下，没有皇帝的权威定夺，怎么能将文武百官拧成一股绳，进而让帝国民众紧密团结，去实现各自的"大唐梦"呢？没有朝廷发号施令，那些文化上的包容、经济上的应变、军事上的成绩就是花拳绣腿，甚至是带刺的玫瑰。唐廷在漫长的时间里一一化解了周边政权的威胁，最终也没有被黄巢起义直接灭亡，而是在一个相对较长的时期内从中央、从朝廷、从皇帝逐步衰朽了。以今天的观念看，唐之覆亡主要在于没有维护好政治安

第四章

全。中央权威树立难，推倒却相对容易，有唐一代的故事令人掩面沉思，其教训不可不察。

第四章

盟军不炸京都与大唐魅力

1944年夏，二战尚未结束，太平洋战场依然惨烈。1945年初春硫磺岛一役，占据火力优势的美军牺牲6800余人，2万余名守岛日军几近阵亡。为加速战争进程，美军不断加大对日本本土的战略轰炸，提升威慑力度：投下的炸弹从燃烧弹变为爆破弹，轰炸目标从关键基础设施扩大至人口密集城市，最终向广岛、长崎投下了原子弹。然而，美军的狂轰滥炸却避开了京都、奈良两座古都。其实，美军早就将当时已是工业重镇的京都列入投放原子弹的名单，但时任陆军部长史汀生向杜鲁门总统据理力争，最终使得京都免于战火。史汀生援引的理由是：京都是日本的故都，是历史名城，而且对日本人具有重要宗教意义。

京都、奈良历史悠久、古色古香，吸引海内外游人踏访，溯其源头，脱离不开与唐代中国的关系。奈良是日本"奈良时代"（公元710—794年）的首都。整座城市都是模仿唐都长安的格局兴建的。这一时期，日本多次向唐朝派遣留学生及僧侣，其中包括著名的阿倍仲麻吕（中文名晁衡），后留仕唐廷，官至御史中丞，是从二品的高官。京都从公元794年到1868年明治天皇定都东京，一直是日本首都和天皇居住地。其选址参考中国风水思想，规划仿效唐东西两京，为市坊制；城市右半块称右京（亦称长安），左半块称左京（亦称洛阳）。时至今日，京都老城区的道路仍如棋盘一般规整，对照杜甫的诗句"闻道长安似弈棋"，足见日本学习唐朝之精。

巅峰时期的唐朝有多兴盛？历史学家张国刚提供了几个数字。

7000万：这是唐玄宗天宝年间的全国人口数，仅长安就有百万。同一时期西欧的法兰克王国人口不过200万—300万，印度在分裂之中，阿拉伯人刚刚兴起，日韩尚属小国寡民。直至16世纪，地中海地区的人口也才5000万—6000万。

6.6亿亩：这是玄宗时期全国的耕地面积。得益于疆域扩大和南方开发，人均占地9亩多，而今日中国人均耕地面积还不足2亩。唐诗人元结称"耕者益力，高山绝壑，耒耜亦满"，杜甫回忆长安"稻米流脂粟米白，公私仓廪俱丰实"，可见当时之富庶。

70余国：这是唐代行政法典《唐六典》中列举开元年间前来朝贡的蕃国数目。当时东亚、东南亚、西域的许多政权与唐朝建立了外交联系，甚至接受唐廷间接统治。长安、扬州、广州等地居住着通过海陆丝绸之路前来的胡商蕃客。不少外国人入仕并成为文武大员。长安商业区分东市（主国内贸易）、西市（主国

日本京都清水寺外的街道

际贸易），是为"买东西"一词之缘起；明清以来外国多将华人称为"唐人"，外国的华人聚居区被称为"唐人街"，都是大唐盛世留给世界的印迹。

大唐引得四方来朝、万国景仰，生活富足、商贸繁荣只是表面的原因。更重要的是，在7—8世纪欧亚大陆变动不居的年代，唐朝治下形成大一统的稳定局面，建立了相对成熟的中央集权政治体制，这对那些尚未实现权力集中的周边政权是颇具吸引力的。日本7世纪中叶的"大化改新"，旨在建成一个在法律、军事、财政、土地等制度上均类似唐朝的国家，加强了天皇权威和体制的中央集权成分，迈出日本古代国家建设的关键一步。大约与唐代同时，新罗能统一朝鲜半岛并建成君主集权国家，回鹘短短百年间从游牧民族转变为商业和定居民族，西南的吐蕃、南诏也建立相对集权的政权，契丹后来能建立辽朝，恐怕都从与唐朝的交流碰撞中有所借鉴。

李唐王室为何要争"天下第一姓"

贞观十二年（公元638年），唐太宗下令编纂的《大唐氏族志》一百卷终于成书，反映的是当时家世门第的贵贱排序，结果山东贵族博陵崔氏排名首位，李唐王室所属的陇西李氏仅居第三。太宗阅后大怒，称"我与山东崔、卢家岂有旧嫌也？为其世代衰微，全无官宦、人物，饭鬻婚姻，是无礼也，依托富贵，是无耻也，我不解人间何为重之？"太宗对贵族声誉超过皇族的情况相当不满，当即下令，将博陵崔氏列为第三等姓氏，而以李唐皇族为第一等姓氏，外戚为第二等姓氏。唐高宗时期新编《姓氏录》，完全根据官品高低分为九等。高宗还专门下诏，规定"后魏陇西李宝、太原王琼、荥阳郑温、范阳卢子迁、卢泽、卢辅、清河崔宗伯、崔元孙、前燕博陵崔懿、晋赵郡李楷，凡七姓十家，不得自为婚姻"，禁止上述名门望族内部通婚。中唐时期编纂的《元和姓纂》没有划分门第等级，而以皇族李氏为首，其余姓氏按四声韵部排列。李唐王室亲自干预谱牒编纂，不惜发脾气、下诏书，绝不仅仅是为了"天下第一姓"的意气之争，更有巩固皇权之大考虑。

汉末尤其魏晋南北朝以来，王朝短命，更替频繁，世家豪强、门阀士族兴起，成为社会的中坚力量和王朝的中流砥柱。典型如南渡的东晋王朝，很大程度上是依靠王导、谢安等大贵族的辅佐才得以延续国祚。"王与马，共天下"，就是指王导家族与东晋皇族司马氏旗鼓相当、共享权力，换言之，贵族在一定程度上削弱了东晋皇室的权力，甚至威胁王权稳定。李唐王室从五胡十六国、隋末大乱中崛起，当然最清楚门阀士族对皇权的威胁，有意提防和平抑贵族势力。通过重修姓氏谱牒贬抑门第，拉抬皇族地位，禁止豪门内部通婚，本质就是树立李唐王室权威，强化中央集权。

唐廷的另一重大举措是将隋朝开始的科举制发扬光大。唐代的科举较隋朝更加制度化，考试的频率和规范性都增加了。当官不必像汉代那样靠地方官员察举推荐，也不似魏晋时期由中央按九品中正制评定，除工商阶层之外的平民均可报名科考。一般先由尚书省礼部举行第一轮考试，主要分明经（儒家经典）、进士（文学）等科；吏部进行第二轮考核，主考"身（体貌）""言（谈吐）""书（书法）""判（写判决书）"，即综合行政能力。当然，唐代科举并不像宋以后那么普及，中式人数相对较少，大约只有10%的官员通过科举晋升。中唐以后，贵族子弟也积极参加科举，从而获得做官资质。总体看，科举取士扩大了李唐王室选拔人才的基础，吸收寒族入仕在一定程度上平抑了高门大族，贵族参加科举又增加了他们对官僚体系的依赖，凡此种种，皆利于李唐政权的稳固。据说，唐太宗一次私访长安端门，看见新及第的进士们一个个从榜下走过，欣喜异常，说"天下英雄入我彀中"。著名唐史学家岑仲勉说，网罗天下英豪"本封建统治阶级集权之目的，行科举则国库不须负担巨额开支，同时又可收中央集权之实利，选举、学校被科举所排，正专制政体发展最适合之转进"。其实，科举不光对封建统治阶级集权有利，对任何政权而言都有树立权威、打击特权、网罗人才的功效。科举自唐至清延续不辍，孙中山提出的"五权宪法"中特设"考试权"，西方文官制度间接地受到科举制启发，当今世界多数国家设有高考、公务员考试，绝非偶然。

"枪杆子里出政权。"兵权是否掌握于朝廷尤其是皇帝手中，向来是政权稳定与否的关键因素。汉末的州郡长官凭借麾下兵力割据一方，最后形成"三国演义"。东晋大贵族桓温居功自傲，凭借手中兵权欲逼皇帝让贤，其子最终叛国自立，建立"桓楚"政权。唐代开国君主有鉴于此，从制度设计上有所防范。中唐以前实行"府兵制"，具体说，是由唐廷在全国尤其是长安周边设立规模不等的600多个军府（屯兵之地），从经济、人丁条件相对较好的民户中选拔府兵兵员，免其租税劳役；府兵们自备基本武器，平时务农养家，并赴长安履行宿卫义务，战时由将军统领出征获取军功。在此制度下，武将并不长期统领固定军队，将、兵多数时候分离；同时，唐武将立功，以勋爵奖励而不授实官实职，武将不太干预朝政，这显然有利于李唐王室抓牢兵权、防止武将做大。

树立权威、强化集权是一个漫长的过程，成功不易，溃败却悄然而至。瓦解贵族势力是一场持久战。有唐一代，世家大族仍在政坛混得风生水起，崔、卢、郑、李等大姓涌现了包括宰相在内的大量高官，社会生活中崇尚贵族的习气弥漫难消。9世纪上半叶，唐文宗为太子向宰相郑覃孙女求婚，后者不仅不嫁太子，还嫁了九品官崔皋。文宗喟叹："民间修婚姻，不计官品而上阀阅，我家二百年天子，顾不及崔、卢。"大约从唐玄宗开始，府兵制逐渐垮掉。其原因是多方面的：太平盛世，府兵赴京师宿卫，没有太多事可做，反而变成京城高官贵胄的差役，受人鄙视；太宗至玄宗时期，对外用兵较多，府兵轮番戍边，边地生活艰苦，又被长官盘剥，更顾不上家中农事，遂不断有府兵逃亡，到玄宗天宝年间军府几乎无兵可差遣上交。杜甫《兵车行》诗云，"或从十五北防河，便至四十西营田。去时里正与裹头，归来头白还戍边。边庭流血成海水，武皇开边意未已"，描述的就是士兵超长服役、缺少复员和休息的艰难处境。府兵制的瓦解给掌兵将领、节度使乃至日后藩镇登上历史舞台埋下了伏笔。

唐玄宗时期另一个突出的趋势是宰相人数减少。唐初的行政体制是三省六部制：中书省定策，门下省审核，尚书省执行并统辖吏、户、礼、兵、刑、工六部。三省主官自然为相，故宰相人数至少有四五人甚至更多，唐睿宗景元元年出现过17人同时任宰相的极端情况。但玄宗主政后，三省主官空缺的情况增多，中书省与门下省合流，尚书省逐渐沦为纯执行机构，宰相人数随之减少，由此使个别宰相具备了独揽大权的条件。最典型的是李林甫。他开元二十二年（公元734年）至天宝十一年（公元752年）任宰相，长达18年。玄宗后期逐渐沉溺于美人、乐舞与宗教，疏于朝政，加之宰相又少，李林甫对朝廷的支配程度远超之前的宰相。英国学者蒲立本认为，玄宗朝这一时期的特点就是李林甫"独裁"。

府兵制解体，三省权力制衡蜕变，擅权宰相出现，皇帝个人生活腐化，都暴露了唐朝中央集权的漏洞与危机。果不其然，天宝十四年（公元755年），"渔阳鼙鼓动地来，惊破霓裳羽衣曲"。安禄山举兵造反，叛军长驱直入，一个月攻克东都洛阳，半年后占领西京长安。唐军屡败，玄宗西逃。这是唐朝由盛而衰的转折点。安史之乱最终结束了，但在其猛烈冲击下的唐廷中央权威再也没能真正恢复。

第四章

燕云十六州之失祸起藩镇

燕云十六州亦称幽云十六州，是中国历史上最令人扼腕叹息的名词之一。这是华北平原北部的一片土地，具体包括：幽州（今北京市区）、顺州（今北京顺义区）、儒州（今北京延庆区）、檀州（今北京密云区）、蓟州（今天津蓟州区）、涿州（今河北涿州）、瀛州（今河北河间）、鄚州（今河北任丘市北）、新州（今河北张家口市涿鹿县）、妫州（今河北张家口市怀来县）、武州（今河北张家口市宣化区）、蔚州（今河北张家口市蔚县）、应州（今山西应县）、寰州（今山西朔州市东）、朔州（今山西朔州市区）、云州（今山西大同市云州区）。其覆盖今北京、天津全境以及山西和河北的北部地区，面积约12万平方公里。隋唐以来，由于地处中原王朝与北方民族的接壤地带，燕云十六州战略地位日渐突出，故有"失岭北必祸燕云，丢燕云必祸中原"之说。中国史书多将燕云之失归罪于"儿皇帝"石敬瑭。唐朝灭亡后的五代十国，天下纷扰，后唐（公元923—936年）河东节度使石敬瑭于公元936年拥兵自立，成立后晋。为了乱世图存，石敬瑭向北部契丹人的辽朝请求援助，不仅认辽太宗为父，还将燕云十六州割让给辽朝，这可害苦了后来的宋朝。宋朝缺乏燕云一带的屏障，在与北方政权的对抗中长期处于守势和劣势，心心念念收复燕云十六州而未果。后来的金朝、元朝、明朝、清朝都不敢轻弃这一关键地区，均定都于今天的北京。石敬瑭割地求荣固然为人所不齿，但他也有他的无奈。当时，燕云十六州以北的契丹已强大起来，即使不主动割让，被契丹武力侵夺的可能性也是很大的。这一被动局面的形成有着非常深刻的背景，还得上溯到安史之乱。

史书记载，安禄山"本营州杂胡"。营州地处今天辽宁省朝阳市一带，是唐朝控制东北的前沿重镇，经常面对契丹等北方民族的骚扰。青少年时期的安禄山凭借出身胡人、通晓六种语言的优势，在边境市集上当翻译。他为人机灵，会搞关系，被唐幽州节度使张守珪提拔当官，后又攀附上玄宗朝的高力士、杨贵妃等红人，获玄宗青睐。他挺着肥大的肚子，在玄宗面前跳胡旋舞，还说肚子里唯有赤胆忠心，拍马屁很有一套，很快平步青云。天宝元年，安禄山升任平卢节度使（治所就在营州），天宝三年又任范阳节度使，天宝十年再兼河东节度使，10年内拿下三个关键地区的节度使职务，掌握了今天河北、辽宁西部乃至山西一带的军政和财政大权。节度使是唐武则天统治之后开始设置的地方大员。唐朝经过前期的开疆拓土，守卫边境的任务更重，加之府兵渐不敷用，需要有大将率领相对固定的兵团随时应战。玄宗时全境约有10个节度使，麾下兵员近49万；而安禄山指挥的范阳、平卢、河东就占18万余人，其中还包括战斗力较强的骑兵。安禄山长在营州，做官在营州、幽州，又担任三镇节度使，深耕多年，培植了一大批亲信和亲兵。可以说，在安禄山起兵之前，华北东部地区与唐廷就有些若即若离了。唐廷平定安史之乱相当艰难，借回纥兵助剿，收复很多地方是靠招安叛军将领。对安禄山的老巢，唐朝也没有武力收复，而是同意由安禄山手下的三位旧将瓜分：李怀仙担任卢龙节度使，李宝臣担任成德节度使，田承嗣担任魏博节度使。毫无疑问，这三个叛将与唐廷心存隔阂，表面上服从中央，实则搞独立王国。自此之后，河北三镇非唐复有，形成中国历史上最为典型的藩镇割据。文史大家陈寅恪就指出，唐自安史乱后"虽号称一朝，实成为二国"，"除拥护李氏皇室之区域，即以东南财富及汉化文化维持长安为中心之集团外，尚别有一河北藩镇独立之团体，其政治、军事、财政等与长安中央政府实际上固无隶属之关系，其民间社会亦未深受汉族文化之影响，即不以长安、洛阳之周孔名教及科举仕进为其安身立命之归宿"。据说安史之乱后，安禄山、史思明仍被幽州等地民众奉为"二圣"来祭祀，这也能说明河北三镇与中央王权关系的疏离。这种局面长期延续，才是日后燕云十六州失守的根本原因。

河北三镇割据的最显著特征有三：一是政治上，节度使不由中央派遣，而由本镇自立。魏博、成德、卢龙三镇节度使前后共计57人，其中唐廷任命的仅4人，其余都是父死子继、兄终弟及或部将上位。其中，成德节度使一度由王氏家族控制达80余年，魏博节度使由田氏家族控制达50余年，俨然土皇帝。二是财政上，赋税截留本镇，不上交朝廷。《旧唐书》说田承嗣"户版不籍于天府，税赋不入于朝廷"，李宝臣"以七州自给，军用殷积"，李怀仙"贡赋不入朝廷"。三是军事上，拥兵自重，与中央分庭抗礼。安史之乱后，河北三镇不仅不裁减兵员，反而修缮兵甲，武装力量不弱反强。唐代宗大历年间，河北三镇兵力达20余万，超过安禄山时期的数量。且三镇之间配合呼应，往往联合作战。当然，帝国之大，远不止河北三镇。中晚唐遍布全国的藩镇中，东南地区、西北边疆和中原地区的节度使并未形成类似河北三镇的割据，有的还在军事、财政上给予唐廷重要支持。然而，它们在不同程度上带有河北三镇的特征，比如西北边疆和中原地区的藩镇都很少上交赋税，且手握重兵。节度使掌握军政、经济大权，地方事权过重，尾大不掉，削弱了中央权威。

对于藩镇的威胁，唐廷再清楚不过，也做出削藩的巨大努力。唐德宗（公元779—805年在位）登基之初就发动削藩战争，反而引起"四王二帝之乱"，差点性命不保。公元781年，成德节度使李宝臣死，其子欲承袭父位，唐廷不许；同年，淄青节度使李正己死，其子也欲继位，唐廷又不许。于是，河北三镇联合起兵，华北一带有四个藩镇的首领称王，是谓"四王"。这种氛围下，控扼长安与东南富庶地区通道的淮西节度使李希烈于公元783年起兵反唐，自称大楚皇帝。唐德宗调动兵力，于南北两线同时作战，想教训一下不听话的藩镇。他指示西北的泾源节度使率兵赴淮西一带平叛。结果泾源士兵行军路过长安，因伙食与待遇不佳发生兵变，当即攻入长安，拥立前泾源节度使朱泚为大秦皇帝。唐德宗被迫西逃，痛定思痛之后决定与河北藩镇和解，他本人也在唐军反攻后回到长安。受此打击，唐德宗此后对藩镇便睁一只眼闭一只眼了。

削藩有过暂时的成功。唐宪宗（公元805—820年在位）即位后，先易后难，逐步削藩，取得一定成绩：元和元年（公元806年）讨伐剑南西川节度使刘闢，元和二年（公元807年）捕杀谋反的浙西节度使李锜，元和五年制伏昭义节度使和义武节度使，元和十二年（公元817年）平定淮西。官军连战连捷，连河北三镇也主动与唐廷缓和关系，或入朝进贡，或上书请罪，或接受调令。一系列胜利中最辉煌的当属平定淮西。元和九年（公元814年），淮西节度使吴元济自立，宪宗以名将李愬为随邓节度使，联合淮西周边诸镇官兵，逐步完成对淮西战略包围；元和十二年派宰相裴度赴前线督战、提振士气，同年底李愬趁大雪之夜奇袭淮西治所蔡州，生擒吴元济。此时离宪宗为裴度饯行不过70余天。这是中唐时期平定藩镇叛乱的最重大胜利。时任裴度行营行军司马的韩愈因此升迁为刑部侍郎，大文人刘禹锡、柳宗元皆创作了广为传颂的贺捷诗篇。面对藩镇跋扈，宪宗君臣勠力振兴中央权威，史称"元和中兴"。

不过，中兴成色不足，削藩成绩水分颇多。平定淮西前后共

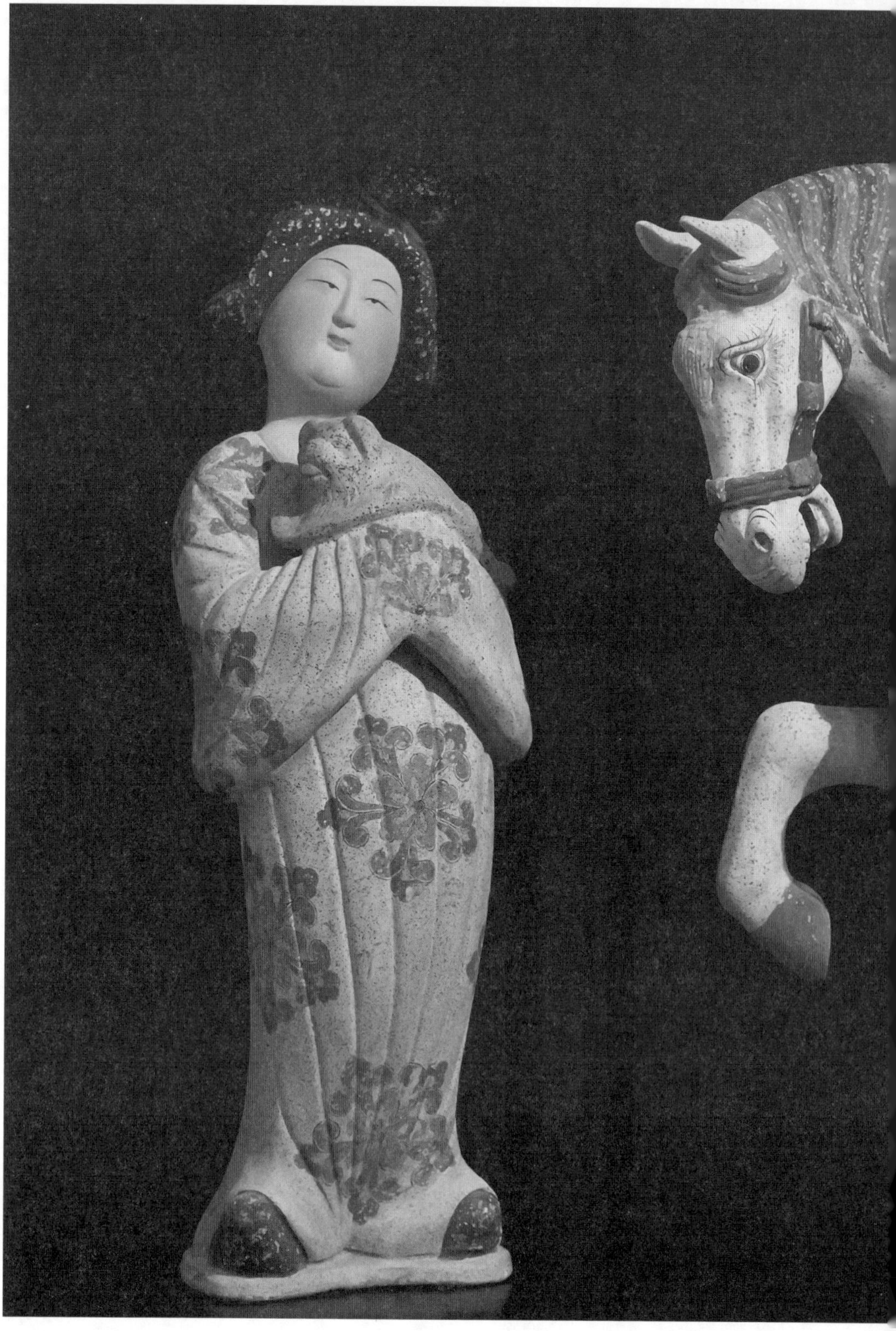

唐三彩

计四五年，耗费甚巨；宪宗死后，河北三镇很快复归原样。即使以平定淮西战役观之，平叛部队多是中原其他藩镇的兵力，并无一支规模可观、战斗力强的中央军。也就是说，唐朝平定淮西是以藩制藩，依靠听话的藩镇打不听话的藩镇。其实，9世纪的唐廷与藩镇之间逐渐形成了一种三角平衡，唐廷依靠指挥得动的藩镇去制衡指挥不动的藩镇；各藩镇之间的相互制约，令大唐国祚又延续了100余年。这并不意味着朝廷实力的恢复与中央权威的加强。在现代国际政治中，对外战略营造均势和制衡还算得上高明，但在致力于大一统和中央集权的王朝内部，还得靠各区域、各节镇之间的相互制衡来维系稳定，足已表明王权统治基础的衰弱。当藩镇相互制衡的格局被黄巢起义冲垮后，当时最强大的节度使朱温灭唐就轻而易举了。这一局面也就是后来宋朝人所总结的"藩镇强而唐弱，藩镇弱而唐亡"。

从贵妃之死到"受制于家奴"

有关安史之乱的一切叙述中，最令人唏嘘的情节是杨贵妃"宛转蛾眉马前死"，"君王掩面救不得"。公元756年，安禄山叛军攻克潼关，直捣长安。玄宗带上爱妃杨玉环、宰相杨国忠（杨贵妃族兄）、宦官高力士等亲信，在禁军护卫下逃往成都。刚出

第四章

长安行至马嵬坡，禁军士兵突然哗变，要求处死杨国忠。玄宗答应了，但事态未平。《旧唐书》记载道："兵犹未解，上令高力士诘之，回奏曰：'诸将既诛国忠，以贵妃在宫，人情恐惧。'上即命力士赐贵妃自尽。"细品史实，马嵬坡兵变实在诡异。玄宗出逃计划在先，提前赏赐了禁军，可禁军却于中途杀了权相和宠妃；事毕之后，整支队伍恢复正常，护送玄宗入川。唐史学者黄永年考证认为，此次兵变是一次有预谋有指挥的行动，逼死杨贵妃的幕后黑手乃大宦官高力士。玄宗执政末年，杨国忠权势熏天，同样受宠的宦官高力士压力很大，早就欲除杨国忠而后快。安禄山叛乱给了高力士联合禁军将领出手的机会。此时的唐玄宗虑及身家性命，更信任多年来陪侍左右的高力士和曾帮助自己政变夺权的禁军，而牺牲掉兵荒马乱之中价值不大的杨国忠和杨贵妃。高力士发挥这么大的作用其来有自。玄宗还是临淄王时，高力士就倾心侍奉，后又参与玄宗剪除太平公主的行动，获玄宗高度信任。"每四方进奏文表，必先进力士，然后进御，小事便决之"，连玄宗自己也说，"有高力士在，我睡得安稳"。唐肃宗为太子时称高力士为"二兄"，诸王公呼为"阿翁"，驸马辈则呼为"爷"，可见他炙手可热之程度。唐自太宗以来有一条不成文的规矩，宦官位阶不得上三品，即不得与宰相齐平。著名谏臣魏征就曾上奏说，"阉竖虽微，狎近左右……为患特深，今日之明，必无此虑，为子孙教，不可不杜绝其源"，意思是当今皇上圣明，宦官闹不出大事，但长远看必须防止宦官做大。到了玄宗朝，高力士出任从三品的右监门卫将军，开启了宦官从政乃至主政的大门。

与高力士力保玄宗入川相似，唐肃宗能在灵武站稳脚跟，并最终光复唐朝，也有赖宦官襄助。《资治通鉴》记载，肃宗灵武称帝后，以东宫时期的宦官李辅国为"判元帅府行军司马"，约等于今日的军队副总参谋长，"侍直帷幄，宣传诏命，四方文奏，宝印符契，晨夕军号，一以委之"。以此观之，唐代能熬过安史之乱，有所恢复，宦官的作用不可小觑。

中国历史上的东汉、唐、明三代都出现宦官专权，以中晚唐最为突出。出现这一情况是有一定必然性的。古代帝王为巩固统治，必须有所倚赖，是官僚集团也好，是武将也好，是皇亲国戚也好。宦官作为贴近皇帝、生理上又比较特殊的群体，也是皇帝倚重的选项之一。就中唐时期而言，皇帝对皇室成员素有戒备，在武则天之后严防外戚后妃夺权，安史之乱以来又面临藩镇（其中许多是武将）的巨大威胁，宦官几乎成了皇帝唯一可以倚重的对象。自肃宗以来，历任皇帝不同程度地宠信宦官，本意是要加强皇权和恢复中央集权。如果说唐朝中后期主要担心藩镇叛乱的话，那么宦官集团就是制衡藩镇最重要的力量。唐朝自玄宗开始就派宦官到各节镇出任监军使，加强对节度使和地方军队的监督。无论唐军抵御外敌，还是弹压安史叛军，都由宦官担任实权很大的监军使，并有能力干预军队统帅的决策。这一机制一直延续到唐末。

安史之乱中，皇帝深感文官武将皆不足信，开始让宦官掌管保卫首都与皇帝的禁军。公元759年，唐肃宗命令驻守西部防御吐蕃的神策军驰援内地，参加对安史叛军的围剿。战事结束后，神策军在西部的根据地被吐蕃侵占，于是退驻陕州，从此归当时负责监军的大宦官鱼朝恩领导。公元763年，吐蕃进犯长安，唐代宗出逃，鱼朝恩率领神策军迎驾来陕又护驾回京，立了大功，神策军驻京并成为禁军主力。公元783年发生泾原兵变，唐军护卫唐德宗西逃，后反攻长安，当时由将军李晟指挥的神策军也发挥了关键作用。此后，唐廷设置了宦官充任的左神策军护军中尉、右神策军护军中尉，巩固了宦官执掌神策军等禁军部队的局面，所辖兵力达20万。宦官既掌禁军，又当监军，固然加强了皇帝对军队的控制，使得唐朝获得了对抗藩镇的野战部队。然而事情总有两面性，物极则必反。宦官集团兵权过重、控制内廷之后，又威胁到皇帝权力与中央权威。

废立皇帝有之。自宪宗死后，唐代皇帝基本由宦官拥立：唐穆宗由梁守谦、王守澄等拥立，唐文宗由梁守谦、王守澄、杨承和等拥立，唐武宗由仇士良、鱼弘志等拥立，唐宣宗由诸宦官拥立，唐懿宗由王宗实拥立，唐僖宗由刘行深、韩文约拥立，唐昭宗由杨复恭、刘季述拥立，仅唐敬宗以太子继位。宦官为拥立于己有利的新皇帝，甚至趁近侍之便对皇帝下毒手。唐宪宗因长期服用丹药而罹患重病，但诸多迹象显示他在最后重病之际遭宦官陈弘志、王守澄等弑杀。唯一非由宦官拥立的唐敬宗因宴游无度、喜怒无常得罪诸人，当了不到3年皇帝就被宦官刘克明等谋杀。文宗、武宗时期权倾朝野的大宦官仇士良退休时向送行的太监们赤裸裸地传授经验："天子不可令闲，常宜以奢靡娱其耳目，使日新月盛，无暇更及他事，然后吾辈可以得志。慎勿使之读书，亲近儒生。彼见前代兴亡，心知忧惧，则吾辈疏斥矣。"诸位太监们听得此秘诀，都拜谢师傅而去。仇士良的做法就是让皇帝痴迷享乐，愚昧蒙蔽，以便自己操纵实权。这只会破坏皇帝形象，损害皇室权威，引发文武百官的不满。

凌辱百官有之。宦官不把皇帝放在眼里，不甘受摆布的皇帝也会出手反击。唐文宗登基后便逐步铲除宦官势力，杖杀陈弘志，毒死王守澄。公元835年，唐文宗提拔李训为宰相，提拔郑注担任长安附近的凤翔节度使，以李、郑为首的一些官僚密谋铲除仇士良。这年冬季的一天，文宗上朝，有奏报称宫外军营庭院后的石榴树上夜降甘露，于是派宰相李训等查看，回禀说情况不属实；文宗便差遣左、右神策护军中尉仇士良、鱼弘志再去查看。李训急招亲信士兵埋伏于军营，欲杀宦官。结果一阵风吹来，仇士良瞅见藏于帷帐后的士兵，又听到兵器碰撞之声，迅即撤退，并拉上唐文宗退回宫中。随后，仇士良等调集禁军反扑，关闭皇宫各门，逢人便杀，各级官员约600余人惨遭屠戮；再派

第四章

兵在京城内搜捕涉事人员，滥杀千余人。长安城内尸横血流，狼藉涂地。时任宰相王涯、舒元舆、贾餗、李训均被捕杀，其中前3人并未参与事变，亦未幸免。甘露之变本是官僚集团反击宦官集团的一次行动，却演变为宦官集团对百官的诛杀与震慑。

其实，自中唐宦官做大以来，各级官员对宦官敢怒不敢言，得罪宦官者仕途无望，巴结宦官者乌纱无虞。甘露之变之前的唐文宗太和二年（公元828年），已进士及第的刘蕡参加吏部选拔考试，写下一纸雄文，指斥宦官"外专陛下之命，内窃陛下之权，威慑朝廷，势倾海内"，"持废立之权，陷先君不得正其终，致陛下不得正其始"，力谏文宗摒弃阉人，整合机构，集权于朝廷。刘蕡在文末慷慨陈词说，我知道这么说将因言获罪乃至身死，但我痛惜国家危亡和人生困顿，怎么能姑息隐忍而窃取陛下的宠幸呢？毛泽东主席1958年读到《新唐书·刘蕡传》时曾批注"起特奇"，并作诗云"千载长天起大云，中唐俊伟有刘蕡；孤鸿铩羽悲鸣镝，万马齐喑叫一声"。然而刘蕡孤掌难鸣。他因这篇文章开罪宦官，考官不敢录取，不可能在朝为官，做地方节度使的幕僚还被宦官构陷而遭贬谪。同年应试并被录取的人物中，裴休、崔慎由、马植均官至宰相，杜牧官至中书舍人，后来做到贺州刺史的李邰愤愤地说，"刘蕡下第，我辈登科，实厚颜矣"。

谋变不成反被宦官挟制的唐文宗更是郁郁寡欢。一天，文宗问当班的翰林学士周墀，他可以比得上前代哪个帝王？周答曰可比尧舜。文宗说，我比不上尧舜，今天是问问你我与周赧王、汉献帝相比如何？周墀说，他俩是亡国之君，岂能拿来类比？唐文宗说，周赧王、汉献帝受制于强大的诸侯，我却受制于家奴（宦官），我还不如他俩呢。说完便"泣下沾襟"。心酸数语，足见皇权凋零。

宦官势力的最终瓦解要等到唐末。黄巢起义过后，唐廷已脆弱不堪，在黄巢起义中做大的朱温担任宣武节度使。这时，唐昭宗为宦官挟制，宰相崔胤招朱温进京救驾，杀尽宦官、废神策军，出了一口恶气。然而，宦官一死，皇帝便成了光杆司令，立刻成了朱温的傀儡。日本唐史学者气贺泽保规精辟地指出："宦官问题是如此深深地渗透和嵌入了唐朝的体制之中，因而宦官被消灭实际也意味着唐王朝的寿终正寝。"中晚唐的宦官是一种矛盾的存在，他们既是对皇权的威胁，又是皇权的一根救命稻草；他们在一定程度上是要维护中央集权，却从根本上破坏了中央集权。

唐朝不亡于外敌，也不亡于农民或流民起义，唐朝之亡更大程度上表现为皇帝权力和权威的慢性衰颓。唐廷对军功武将、边镇重地的控制力减弱导致安史之乱，由此极大地冲击了皇权，其结果是藩镇与宦官群体做大。他们结成各自的利益集团，皇帝强势时就稍有收敛，皇帝弱势时则飞扬跋扈。与此相应，皇权维护

第四章

也逐渐缺乏制度的拱卫。大一统帝国的郡县制中插入了藩镇这个强大的层级，加剧了"皇权不下县"的千年难题。此外，宦官执掌禁军是一把双刃剑，可在危难时救主，也可在平日里操控皇帝生死与皇位继承。官僚集团与其说是全力维护皇帝权威，不如说是在皇帝、宦官、藩镇之间辗转腾挪。上述问题绝非唐朝所特有，但在唐朝时表现得尤为突出。这些痼疾也为后来的王朝统治者所警惕和借鉴。习近平总书记在谈到总体国家安全观时曾多次指出，维护国家安全要以"政治安全为根本"。本固则邦宁。从这个视角看，大唐盛世飘零的根本原因是很清晰的，这也促使今天的我们更加深刻地领会"政治安全是根本"的重要意义。

参 考 文 献

1. 岑仲勉:《隋唐史》,商务印书馆2015年版。
2. 陈寅恪:《唐代政治史述论稿》,上海古籍出版社1997年版。
3. 黄永年:《唐史十二讲》,中华书局2007年版。
4. 李碧妍:《危机与重构:唐帝国及其地方诸侯》,北京师范大学出版社2015年版。
5. 钱穆:《国史大纲》,商务印书馆2013年版。
6. 钱穆:《中国历代政治得失》,生活·读书·新知三联书店2001年版。
7. 仇鹿鸣:《长安与河北之间:中晚唐的政治与文化》,北京师范大学出版社2018年版。
8. 王仲荦:《隋唐五代史(上)》,上海人民出版社1988年版。
9. 张国刚:《资治通鉴与家国兴衰》,中华书局2016年版。
10. [美]陆威仪著,张晓东、冯世明译,方宇校:《世界性的帝国:唐朝》,中信出版集团2016年版。
11. [英]崔瑞德编,中国社会科学院历史研究所西方汉学研究课题组译:《剑桥中国隋唐史》,中国社会科学出版社1990年版。
12. [日]气贺泽保规著,石晓军译:《绚烂的世界帝国:隋唐时代》,广西师范大学出版社2014年版。

第五章
富足却不能打的宋朝

第五章

中国古代历朝历代中，宋朝可谓是反差最大的一个朝代。一方面，宋朝经济强、科技强、文化强，达到了封建社会的顶峰。著名史学家陈寅恪说："华夏民族之文化，历数千载之演进，造极于赵宋之世。"另一方面，军事上却软弱不堪，外战鲜有胜绩，对外妥协苟安，甚至连皇帝也成为金人人质，最后惨死他乡。富足与孱弱之间，宋朝尽管经济繁荣，但经济实力和文明成果未能有效转化为军事能力，富起来了却并未强起来，仍免不了到处遭受欺凌的悲惨境地，令人哀叹。

第五章

宋朝有多富？

经历五代十国的战乱频发和民生凋敝后，赵匡胤发动"陈桥兵变"，建立大宋王朝。太祖执政后号召人们"多积金、市田宅以遗子孙，歌儿舞女以终天年"。这一圣谕极大地促进了宋朝商业、手工业的蓬勃发展，推动了科技、文化、艺术、城市化建设和对外贸易的全面进步，宋朝由此被许多人认为是我国历史上经济最繁荣、科技最发达、文化最昌盛、艺术最高深、人民生活水平最富裕的封建朝代。

英国著名经济史学家麦迪森写道："早在公元10世纪时，中国人均收入上就已经是世界经济中的领先国家，而且这个地位一直持续到15世纪。"根据他的测算，以1990年美元为基准，赵匡胤建立宋朝时，中国人均GDP为450美元，至宋末达600美元。而处于中世纪黑暗中的欧洲为422美元。北宋时期，全国人口7000万—8000万，占世界人口的5%，汴京、临安人口都超过百万，10万以上城市近50座，而当时的伦敦、巴黎、威尼斯和佛罗伦萨等人口都不足10万。

我国的四大发明造纸、指南针、火药、印刷术到宋代全面成熟并广泛应用。指南针已用于航海，火药在战争中广泛使用，毕昇发明的活字印刷可反复使用，简便易行，这些技术变革对世界文明产生巨大影响。宋朝重用士大夫，重视科举，文人辈出，宋词是中国文学史上的又一个高峰，唐宋八大家中，宋朝占据6席，书法上苏轼、黄庭坚、米芾、蔡襄合称"四大家"，宋徽宗的绘画、书法都有很高的造诣，其"瘦金体"书法更是独具一格。唐代佛教、道教广泛传播兴盛，极大冲击了儒家思想，宋代儒学吸收融合道家、佛教学说，出现了"新儒学"（即"理学"），朱熹是这方面的集大成者，重新确立了儒家在思想界的地位。后世一千年孔孟之道影响深远，包括对日本、朝鲜等国也产生极大影响。此外，宋代还拥有当时最庞大的帆船舰队和商船队，与50多个国家有贸易往来。

宋朝更让人津津乐道的是它古老又现代的生活方式。现代人生活最离不开的几样生活方式中，宋朝几乎应有尽有。

孟元老所作的《东京梦华录》中，有人统计共提及100多家店铺，其中多为酒楼和各种饮食店。汴梁餐饮业尤其发达，"处处拥门，各有茶坊酒店，勾肆饮食。市井经纪之家，往往只于市店旋买饮食，不置家蔬"；临安也一样，"处处各有茶坊、酒肆、面店、果子……油酱、食米、下饭鱼肉、鲞腊等铺。盖经纪市井之家往往多于店舍，旋买见成饮食，此为快便耳"。因为饮食的多样，生活的富足，宋代就出现了外卖，居民也喜欢下馆子，有

第五章

不愿在家开火做饭的,就直接打包饭菜回家,或者点个外卖在家悠闲地等候。《清明上河图》中,就有外卖小哥送外卖的场景,其端着两个食盒,刚从店家取餐出来,正风尘仆仆往顾客家中赶去,可见外卖在宋朝已经十分普遍。

不光寻常百姓喜爱外卖,天天在宫中吃腻山珍海味的皇帝也常出宫尝鲜。宋孝宗赵昚就对民间外卖情有独钟。隆兴年间的一次观灯节后,他就叫了"南瓦张家圆子"和"李婆婆鱼羹"等夜宵,吃过之后龙颜大悦,小费给得很是大方:"直一贯者,犒之二贯"。意思是食物价格仅为一贯的,赏赐却给了二贯,可见皇帝对外卖的满意程度。宋朝送外卖还十分讲究,为防止饭菜途中变凉,商家还设计了专门的温盘。温盘底厚,上下两层瓷,上薄下厚,中间空心,在里面注入热水,盘子便可起保温作用。商家先用温盘装好食物,再将温盘放进食盒里。而食盒也有讲究,以木制居多,层层分装,这样既健康也不易串味。

据说,"滴滴"的创立灵感主要来自国外,如果"滴滴"创始人熟悉宋朝历史的话,可能"滴滴"将更早被推出。古时候交通工具欠缺,人们出行大都靠脚,如果不想走路,常只有三个选择——马车、轿子和骑马。但普通人家买不起马和车,怎么出行?于是,"共享马车"便应运而生。据传,"共享马车"在宋之前的南唐就出现了,到了宋朝则进一步发扬光大。南唐后主李煜在《望江南·多少恨》里面写道:"还似旧时游上苑,车如流水

> 清明上河图局部

马如龙。"显然，这如水如龙的车马不是一般人家能够买得起的，于是一些商家便看到商机，购买马车租给平民百姓用，费用可以按时辰算，也可以按天算。马车多种多样，既有"长车"，车为长方形，车顶有盖遮挡，车四周是帷幔遮挡，可以坐6个人。还有毡车，车篷用的是毛毡，常被用作"婚车"，用来接新娘。此外，宋朝还流行一种"网红交通工具"——轿子。富贵人家买了轿子让家中的仆人来抬，民间的百姓便也流行起了"共享轿"。

此外，根据史家研究，中国古代城市最早的夜市出现在唐代的中晚期，中唐诗人王建《夜看扬州市》描述称，"夜市千灯照碧云，高楼红袖客纷纷"。《寄汴州令狐相公》中称："水门向晚茶商闹，桥市通宵酒客行。"诗人杜牧《泊秦淮》中也有"烟笼寒水月笼沙，夜泊秦淮近酒家"。从诗歌可见，夜市在唐已有规模，宾客众多。但据史料分析，这种夜市在唐朝并不多见，或许只出现在少数的商业繁华地带。因为唐朝实行里坊制，城市被分割成了若干封闭的"里"，相当于百姓的居住区，而商业与手工业则被限制在一些定时开闭的"市"中，且全城实行宵禁。唐《宫卫令》规定：每天晚上擂响六百下"闭门鼓"，早上五更三点后擂响四百下"开门鼓"。凡是在"闭门鼓"后、"开门鼓"前在大街上流窜的人，触犯"犯夜"罪，笞打二十。由此可见，唐朝的开闭市有严格的规定，普通百姓难以真正畅游夜市。只有到了宋朝，才可谓夜市经济的高峰。宋夜市主要由酒楼、茶楼、歌馆、妓院、勾栏瓦舍以及小吃摊、小商品零售等构成，涵括了餐饮业、娱乐业、娼妓业等多种业态，集合了商品、劳务、娱乐、休闲、文化等多元消费。既有固定的经营场所，也有流动的摊点，经营方式极为灵活。如在临安，"夜市于大街有车担，设浮铺，点茶汤以便游观之人"。相国寺的文化夜市，以"书籍、玩好、图画，及诸路散任官员土物、香药之类"为特色，吸引着四方商贾云集，文人士子流连。除了种类众多，宋朝夜市营业时间也长，甚至通宵买卖。两宋都城"买卖昼夜不绝"，"与日间无异"，"四时皆然"。两宋城市市场，民商杂处，面街而市，星罗棋布的店铺经营，走街串巷的小商小贩，交易时间可以从黎明到深夜。

《北窗炙輠录》曾有记载，酒楼的丝竹管弦之调、市民的欢声笑语曾传入宫中，传到仁宗的耳畔。仁宗于是问宫人：这是何处作乐？当宫人告诉他这是民间酒楼作乐，仁宗对比宫中的冷冷清清，心中也对院墙之外的夜市生活产生羡慕之情。这段史料非常有价值，从中可以看出，素以清心寡欲自我标榜的仁宗也对夜市文化表达向往之意，足见宋朝夜市的发达。

澶渊之盟：以妥协求苟安

宋朝虽然终结"五代十国"乱世，却并未从疆域上统一全国，一直在辽、西夏、金、蒙古的夹缝中生存，外患尤为强烈。太祖、太宗一度雄心壮志，试图收复河山，统一天下，但随着北伐失利，神宗时终与辽签订城下之盟，宋朝自此外战疲于奔命，狼狈不堪，甘于苟安，全无大国风范。

"澶渊之盟"先得从"燕云十六州"说起。公元936年，后唐天平节度使石敬瑭起兵反对后唐皇帝李从珂，由于双方实力存在差距，石敬瑭在战场上处于下风，遂向辽皇帝耶律德光求援，双方签订密约，石敬瑭许诺灭后唐之后尊奉耶律德光为"父皇帝"，并割让燕云、河东两节度使治内的十六州土地。辽随后

第五章

依约南下助石敬瑭击败后唐军队,并册封石敬瑭为后晋皇帝。公元937年,石敬瑭攻陷洛阳,灭亡后唐,温顺地于次年交出十六州,每年还向契丹上供纳绢30万匹。燕云十六州宽约600公里,长约200公里,居高临下,拥纳古长城与燕山、太行山北之要地。中原政权在失去这一地理屏障后,在北部边境长期面临被入侵的风险,从而给中原政权造成巨大潜在财政和军事负担。从那时至1368年,中原汉人王朝始终未能收复燕蓟之地。

正是石敬瑭向契丹割让的这块战略要地,导致北宋的安全屏障和国防资源存在先天不足,以致"燕云十六州"始终成为中原汉人心中抹不去的痛,一直试图收复。事实上,公元959年周世宗柴荣兴兵北伐,曾攻下两州,但其很快就因病逝世。赵匡胤一年后发动"陈桥兵变"黄袍加身,开始接过北伐的重任。赵匡胤上台后制定了先南后北的统一战略,消灭了南部几大割据政权后,随即准备向北方进军,但其很快去世,太宗赵光义即位才开始全面实施北伐计划。

公元979年,宋军攻下北汉都城太原,随后跨越太行山东进、直驱燕州,试图一举收复燕云失地,但在城北高粱河一带被辽军主力击败,太宗本人也被射中两箭,最后只得落荒而逃。过了7年,即公元986年,太宗再度兵发三路大军,试图利用辽圣宗少年继位、根基不牢一雪前耻。但宋军战术不当,遭辽军痛击,不仅未有斩获,还将周世宗夺下的两州葬送。此后宋军在北方由攻转守，只能消极抵抗辽的攻势。

宋太宗驾崩之后7年，1004年秋，辽圣宗发兵20万南下，一路攻至黄河北岸的澶州与宋军对峙。宋朝内部一时不知如何应对，立刻分为两派，一派以参知政事王钦若和知枢密院事陈尧叟为代表的避战派，主张迁都金陵或避难成都。另一派以宰相寇准为代表的主战派，真宗当时征求其意见时，寇准称："若用此二策，则人心崩溃，敌骑深入，天下岂能保有？"寇准认为，不管是迁都还是避难，只会导致国民失去信心，敌人长驱直入，大宋王朝也就不保了。为此，他坚决要求真宗亲征，以鼓舞士气，安定民心。但真宗对其父太宗亲征高梁河的惨痛经历一直心有余悸，亲征之心并不强烈。最后在雪片般的告急文书和寇准等人的催促下，真宗才决定出发。

澶州城跨黄河而建，分为南北两城，北城直面辽军，南城则相对安全。真宗到达澶州后，寇准等人建议其巡视北城，以鼓舞士气。后真宗在将领簇拥下出现在北城城楼，宋军立刻士气大振。但真宗做完秀后就悄悄跑回南城，将军事大权交给了寇准。

随后宋辽两军在澶州相持了10多天，宋军守城以逸待劳，又有城墙之利，辽军孤军深入，兵困马乏难以持久，形势越来越偏向宋朝一方。辽见势不妙随即提出议和。而真宗也并非真心想打，早有讲和之意，亲征之前，真宗就曾密派曹利用前往辽营讲和，只因双方交战激烈，曹利用未能进入。于是，当辽派人表达议和意愿之时，真宗立刻下令曹利用赴辽营商讨细节。虽寇准闻讯赶回南城力劝真宗，说辽军已是强弩之末，宋军待时出击可大获全胜。但真宗软弱，求和心切，加上朝中主和派众多，他们甚至诋毁寇准拥兵自重，寇准无奈只得作罢。

次日，曹利用和辽使面见真宗。来使称，萧太后和辽圣宗要求宋朝归还瓦桥关以南的领土。真宗虽然软弱，但在领土问题上却也有些骨气，称宋朝赐辽一些财物倒还可以，若要求土地，只有决战到底了。而寇准则更为强硬，认为不仅不必给辽财物，还应要回燕云十六州。经过深入谈判，辽宋双方终于达成协议：宋辽边界以雁门关—瓦桥关一线的实控范围为准，宋放弃对燕云十六州的领土要求，辽亦不得南侵。作为回报，宋每年向辽提供银 10 万两、绢 20 万匹的岁币（仁宗年间增加到银 20 万两、绢 30 万匹），两国君主约为兄弟，承认彼此的合法性。这就是史上有名的"澶渊之盟"。

关于"澶渊之盟"的影响，史上评论的角度很多，争议很大，积极消极的都有，但从军事防卫和维护国家安全的角度来讲，此举可谓宋朝历史上极大的败笔，为宋朝的最终灭亡埋下了隐患。宋太祖、太宗二人，虽然未曾统一中国，但都怀揣收复河山的强大抱负，但自神宗开始，宋朝便缺乏军事上的狼性和雄心，屡遭外敌欺侮。

从结果看，和约虽然为宋换取暂时和平的局面，却滋长了宋朝"花钱买和平"、妥协苟安的思想，并造成一系列危机的出现。北宋名臣富弼曾痛心地指出："则知澶渊之盟，未为失策。而所可痛者，当国大臣，论和之后，武备皆废。以边臣用心者，谓之引惹生事；以缙绅虑患者，谓之迂阔背时。大率忌人谈兵，幸时无事，谓敌不敢背约，谓边不必预防，谓世常安，谓兵永息，恬然自处，都不为忧。"从中可以看到，"澶渊之盟"后，宋廷上下一片"歌舞升平"，认为已渡过难关，不再需要军队建设，不用积极备战，辽也不会背盟，麻痹思想严重。但后来的历史却狠狠扇了宋朝一耳光。西夏成立后，见宋可欺，也与宋开战，宋军武备废弛，战斗力低下，最终仍以类似的庆历和议化解与西夏的冲突。同时，辽朝也在宋、西夏激战之际趁火打劫，派使臣以索要关南之地为名，向宋进行经济讹诈。而北宋不敢放弃因与辽议和带来的北部安全感，无力改变北部被动防御的战略与军事部署，遂不得不每年再向其增加岁币数量。

靖康之耻：苟安之后是亡国

宋朝苟安许久，转眼进入徽宗统治时期。徽宗是历史上有名的风流皇帝，不善朝政，吃喝玩乐却样样精通，折腾大宋王朝同时，未能察觉天下变化大势。彼时辽开始衰败，宋、辽和西夏三足鼎立的趋势逐渐瓦解，女真人取代辽，建立金朝。金朝也觊觎宋朝繁华，灭辽后即出兵宋。宋军战斗力弱，战略又不得当，京城开封很快就被金人攻破，徽宗与其儿子钦宗双双被擒，北宋就此灭亡，教训惨痛。

辽圣宗去世后，辽深陷内乱纷争，国力日渐衰落。而此前长期遭受辽压制的女真部族强势崛起，开始对辽发起复仇之战。在骁勇善战的女真人的进攻下，辽军节节败退，危在旦夕。宋朝此时却误判形势，不顾唇亡齿寒的后果，企图与金朝联合攻打辽，然后借金人的力量收复燕云十六州，徽宗为此不顾朝中反对与金朝签定"海上之盟"。

当时朝中不少人认为，金人尚未开化，骁勇善战，连同为少数民族的辽人都打不过，宋军又怎是对手。一旦金人灭辽，宋将直面金的威胁，宋朝面临的危险将更大。但徽宗固执己见，对这些建议置若罔闻。徽宗此举很快又遭打脸，不仅宋朝苟安太久，军队久疏战阵，不谙战事，被强弩之末的辽军接连痛击。且金人在战斗中对宋朝孱弱的军事实力有了充分了解，灭辽后借故挥师南下，北宋政权摇摇欲坠。

面对强大的女真军团，宋军毫无抵抗之力，金军一路攻州克县，兵锋直指开封。徽宗惊恐之下，慌忙传位给儿子赵桓，是为宋钦宗。宋军在李纲等大臣的指挥下，齐心防御，金军数次攻城都无功而返，开始遣使议和，并提出条件：钦宗尊金太宗为伯父，宋朝将太原、中山、河间三镇割让给金朝，并向金朝纳金五百万两、银五千万两、牛马等各万匹、绢帛百万匹，并须以亲王、宰相做人质。李纲对此坚决反对，但钦宗执意求和，允准了所有条件，派康王赵构、宰相张邦昌前往金营，并大肆搜刮民财，以供求和纳币之用。后来，宋朝援军悉数赶到，金军担心孤军被围，遂在钦宗答应割让三镇，以肃王赵枢代替赵构、张邦昌升任太宰做人质的情况下，带着宋朝搜刮来的金银珠宝满意北归。

好景不长，钦宗就"好了伤疤忘了疼"，认为与金和议已定，无须担忧，不仅不加强战备，还与徽宗争权内斗，并将主战派功臣李纲革职，给金军再次入侵找到了缺口。金军不久就再次南下，钦宗仍然怀揣求和美梦，派康王赵构和刑部尚书王云前往金营，企图割地求和，但王云被反对割地的民众所杀，赵构也被后来的抗金将领宗泽劝回，求和之举未获成功。此后，金军渡过黄河，遣使要求钦宗以黄河为界，黄河以北归入金朝。钦宗如惊弓之鸟，全部答应，派人再赴金营议和，但出使途中被爱国乡兵所杀，议和再度失败。

没过多久，金军围困开封，钦宗无奈只得抵抗，忙传此前被贬的李纲回开封主持防务，又任命康王赵构为大元帅，让其领兵进京勤王。但为时已晚，李纲回京路上开封就已经沦陷。

开封沦陷，宋朝满城君臣百姓性命全握在金人之手，只能任人宰割。宋朝献上降表，进贡大量金银美女。虽然如此，金人也

第五章

汤阴岳飞庙

未放过宋朝君臣。靖康二年（1127年）正月，金军将钦宗和亲王及众大臣悉数囚禁，并下诏将钦宗废为庶人，又将徽宗及宗室、宫人押往金营。同时，金人还册封此前作为人质的宰相张邦昌为帝，国号"大楚"，与金朝以黄河为界，作为统治南方的傀儡政权。在肢解完北宋政权后，金军携带着徽钦二帝、后妃、宗室、大臣、工匠等十余万人以及不计其数的金银、布帛、马匹、古玩、礼器等北撤。北撤途中，徽钦二帝和大臣们分乘八百多辆牛车，一路饱受磨难。金人一路不供应粮食，宋朝俘虏走一路死一路，徽宗一个儿子也饿死途中，金人随便就将其埋了。有一次，徽宗看到路边的桑树上有桑葚，赶忙摘来充饥，结果吃得太急，差点被噎死，侍从赶紧给他拍打。徽宗说，我当年做端王的时候，在王府里看见乳娘吃这个东西，我也跟着吃，吃了几颗就被乳娘抢了过去，说这不是王爷吃的东西。这么多年，我早忘了它什么味道，没想到今天吃起来竟如此鲜美。说罢潸然泪下，侍臣也痛哭流涕。徽宗、钦宗一路受尽折磨才到达金朝首都上京，被勒令朝觐金朝宗庙，行献俘之礼。此后，金朝封徽宗为昏德公，封钦宗为重昏侯。这样的封号，显然是为了侮辱他们，不可能让他们享受到真正公侯的待遇。金人给他们修了两间小屋，都是半地下的，条件极其简陋。同时，两帝后妃300余人被废为洗衣奴婢，其余宫女沦为性奴，男子则被用作苦役劳力。

徽、钦两帝被掳，北宋灭亡，这就是历史上著名的"靖康之耻"，给宋朝留下难以治愈的伤痛。宋徽宗即位时，国内富庶繁华，外与辽、西夏也能勉强维持平衡，却在金人铁蹄之下毫无还手之力，最终人俘朝灭，再一次暴露其军事能力的重大缺陷。从"靖康之耻"可以看到，光有经济繁荣还远远不够，军事能力才是维护国家主权和领土完整的重要保障。

富国更要强军

在前述内容中，我们看到了一个反差巨大，让人爱恨交加的

第五章

宋朝，经济、科技、文化等方面傲视天下，但军事上却人见人欺，宋朝为何出现这种反向发展的不同结局，到底有哪些经验教训仍然值得我们今人深思呢？依笔者浅见，这与当时的历史背景和社会现实密切相关，是赵匡胤吸取五代十国经验教训，实施重文抑武、守内虚外等政策的直接后果。这些政策导致宋朝未能平衡好经济和军事的发展，片面重视经济进步而忽略了军事建设，经济上的繁荣未能有效地转化为军事能力的强大，面对外敌时又缺乏勇气与决心，注定屡遭欺凌，任人宰割。

为防止出现唐末藩镇割据的重演，避免成为五代十国之后又一个短命的朝代，赵匡胤借助"杯酒释兵权"解除了高级将领的兵权。当时太祖召集石守信、王审琦等禁军将领饮酒作乐，酒酣耳热之后，他屏退侍从，对这些将领哀叹："没有你们的帮助，我就成不了皇帝，你们居功至伟。可当皇帝也不如想象中那么潇洒，我现在每天睡觉也不安稳。"于是众人问："这是为什么呢？"太祖说："皇帝这个位子这么好，谁不想坐？"众人惶恐说："如今天命已定，谁还敢有异心？"太祖又说："你们虽然没有异心，可难保你们手下没有贪图富贵的人啊，一旦他们将黄袍披到你们身上，你们想不干也不行啊！"这相当于把对将领们的猜忌挑明了，众人一边叩头一边流泪说："我们太愚昧了，没想到这一层，请陛下哀怜，指明一条生路。"太祖见火候已到，就直截了当说："人生如白驹过隙，不过是求些富贵，自己能好好享乐，子孙也不至于贫困。你们为何不释去兵权，多购些田宅，为子孙置长久之业，再多置歌儿舞女，每日饮酒作乐，以终天年。我们君臣之间互不猜忌，上下相安，岂不更好？"众人立刻拜谢："陛下英明，替臣下们考虑得周到，真可谓让死人复生，白骨长肉啊！"

次日，石守信、王审琦等纷纷上书称病，要求解除兵权，太祖将他们全部派驻地方担任节度使。这就是历史上著名的"杯酒释兵权"事件。太祖通过这种和平收权的方式，解除了禁军对皇权的威胁。同时，太祖还实行"更戍法"等制度。"更戍"，就是禁军定期变动驻地，将领不随之同行，形成将领与所统领属军之间不断更换的"兵无常帅，帅无常师"的体制，使得兵将分离。虽然此举彻底消除了唐末五代军事将领以武力称雄一方的隐患，但这也导致了兵将之间互不熟悉，难有默契，主将对自己的部队缺乏威信，士兵更不知听谁指挥，作战效果可想而知。

公元962年，太祖在太庙立下誓碑，刻下三条誓词：柴氏子孙有罪不得加刑，不得杀士大夫及上书言事人，子孙有逾此誓者天必殛之。由此可见士大夫的地位，进而推广到"士大夫治国"。宋太祖时明确提倡"兴文教，抑武事"的方针，广开科举文选，大开科举之门，个人科举的成功胜过任何军功，成为踏上仕途的重要途径，以至于北宋名人尹洙称："有状元登第，虽将兵十万，恢复幽蓟，逐强虏于穷漠，凯歌劳还，献捷太庙，其荣亦不可及也。"意思是说，即使统兵数十万的大将，立下赫赫战功，也不如状元及第。于是读书成了社会竞争、获取功名和得到社会承认的主要途径。赵匡胤不止一次提及"宰相须用读书人"。不仅中央的许多重要职位由文人担任，地方上也同样如此。而军队也由文人统领，过去由武将把持的行政、财政、司法权都回到文臣手中。即使武官担任要职，也经常受到文人的排挤和压制，如北宋时的名将狄青，就因出身行伍而备受歧视。当时，曾与狄青共事的韩琦官阶与狄青相等，却一点也不把狄青放在眼里。在狄青看来，自己功业远超韩琦，只不过少了一个进士的身份，故常受人嘲讽。宋代重文抑武的方针，使得武人地位降低，军备长期遭忽视，武器质量低下，士兵训练难以保证。此外，由于宋代商品经济空前活跃，且渗透到军队之中，严重地败坏了军中风气，不管是高层将领，还是下层士卒，都沉浸在追本逐利的风气之中。戍边武将更是以朝廷拨发的军资库物、公帑资财等官钱作本，违禁贩运盐、酒、茶，将帅在这其中贪污腐化，士兵无心训练，导致将成庸将，兵不类兵，战斗力严重下降，最终在敌人面前一触即溃。

宋太宗说，"国家若无外忧，必有内患，外忧不过边事，皆可预防，唯奸邪无状，若为内患，深可惧也"，故实行"守内虚外"消极防御的对外政策，并为后代皇帝们所继承。但这种消极的防御只能镇压内患，难有效抗击入侵之敌。宋朝的历史，很大程度上也是一部抗击外敌的历史。一旦防御失败，只能求和苟安。"澶渊之盟"开启了宋朝和议的历史。此后，宋与金、西夏等都签署过类似协议。宋签订的这些协议，每一次都吃了大亏，不仅输纳大量的岁币和绢，甚至奴颜屈膝地称臣称侄。这些协议非但未能真正换来和平，反而暴露了宋朝的软弱，激发了敌国贪婪的野心，还造成了宋军将士的怯战、怯敌心理。如庆历四年（1042年）的定川塞之役，主将葛怀敏指挥不动士兵，葛怀敏以剑击不听命者，结果士众溃散，葛怀敏率众逃跑，没跑多远就被西夏军包围，而其余2万人或在定川未动或据堡塞以守，但都不出兵相救，结果宋军近万人被俘。

可以看到，宋朝为防藩镇割据、武官权力过大，采取了重文抑武的政策，由此带来畸形的军事指挥和管理体制，这就导致宋朝军力削弱、国力不振，外战屡战屡败，只得妥协苟安、对外求和。尽管宋朝经济繁荣，但经济实力和文明成果却没有向军事方面转化，导致宋朝经济实力与其军事实力严重失衡，最终被异族所灭。

宋朝虽然富起来了，甚至富甲天下，科技、文化等方面也不可谓不强，但北宋亡于金、南宋亡于元，都是被经济、文化远远落后于自己的政权所灭。由此可见，一个国家在富足的同时，更需要军事力量来拱卫安全，只有强大的军事力量才能为国家提供稳定的发展环境。宋朝发展的经验教训表明，必须推动经济、文化、科技等与军事的同步协调发展，注重提升综合国力，国家才能长治久安、行稳致远。

参 考 文 献

1. 苏升乾:《清明上河读宋朝》,商务印书馆2012年版。
2. 灵犀:《赵宋王朝双城记》,江苏凤凰文艺出版社2020年版。
3. 萧文子:《简读宋朝史:从五代十国到南宋灭亡》,中国出版集团现代出版社2018年版。
4. 刘路:《武夫仁心:太平天子赵匡胤》,重庆出版社2016年版。
5. 贾冬婷、杨璐编:《我们为什么爱宋朝》,中信出版集团2018年版。
6. 伊永文:《宋代市民日常生活》,中国工人出版社2020年版。
7. [日]陈舜臣著,廖为智译:《两宋王朝:奢华帝国的无奈》,新星出版社2008年版。
8. 盖龙云、盖彦南:《浅议宋朝的重文轻武国策》,《中国军事科学》2010年第3期。
9. 赵明明:《宋朝军事"积弱"因素浅析》,《湖北经济学院学报(人文社会科学版)》2007年第4期。

第六章
经济危机摧垮的大元帝国

第六章

与唐宋明清相比，元朝无疑是个相对陌生的短命王朝。蒙古人的统治如同疾风暴雨，来得迅猛，去得迅疾。然而，往事并不如烟。元朝统治历史不足百年，却同样精彩纷呈、跌宕起伏，为治国安邦留下诸多值得总结的历史教训。元朝覆亡的原因固然是多方面的，这其中，经济安全（尤其是金融领域）出现问题，是导致这一草原帝国轰然垮塌的主要根源。

第六章

短暂辉煌

　　1271年，时年17岁的威尼斯商人马可·波罗跟随父亲和叔父，历经千辛万苦，最终于1275年到达中国。马可·波罗在中国生活了17年，在此期间，他在元朝政府任职，并跑遍了大江南北，熟悉了各地风土人情，成了名副其实的"中国通"。若干年后，马可·波罗返回故乡，并以热情洋溢的口吻讲述起这个东方帝国的富庶与繁荣。但欧洲人对此难以置信，许多人认定马可·波罗是个"大忽悠"，还给他起了个"百万马可"的绰号，意思是他讲的故事是"一百万个谎言"。马可·波罗临终前，有人劝他收回那些关于中国的故事，以拯救自己的灵魂，但马可·波罗平静地回答："我见过的东西，还没有说出一半呢。"

　　《马可·波罗游记》对元朝的描述，在另一位欧洲人的记述中得到了验证。1254年，法国国王曾派遣特使到中国，希望与中国结盟对付伊斯兰世界。这位特使游历中国时，同样对元朝的文明繁荣赞叹不已："在世界上，不可能找到比他们更为灵巧的工匠，他们善于制作各种各样的工艺品。他们的国家盛产小麦，酿酒很流行，有丰富的金、银和丝绸，总而言之，生活中所需要的一切，都很丰富。"

无论是《马可·波罗游记》，还是法国使者访元的印象笔记，都从侧面说明：当时元朝的富庶繁荣程度，已经超出欧洲人的想象范围，由此激发起欧洲人对遥远东方的强烈向往。1492年，哥伦布开启环球航海时，从航海日志看得出，他最初设定的目的地就是大元，而非人们常说的"印度"。哥伦布还携带着西班牙女王写给遥远的"乞台"（中国）大汗的国书，并专门带了本新版的《马可·波罗游记》。

在中国漫长的历史长河中，元朝统治时间不足百年，但波澜壮阔，影响深远。对国人来说，元王朝最大的功劳，就是使中华民族实现了空前的大一统局面。

唐朝灭亡后，中国进入五代十国时期，当时群雄并立，干戈四起。其后，赵匡胤建立宋朝，看似实现了全国统一，实则北宋版图仅有中原、江淮及岭南地区，南宋更是偏安一隅，与北方的金、西夏呈三足鼎立态势。此外，西南有吐蕃、大理，西北有畏兀儿、西辽、哈剌鲁。这些政权各自为政，相互征伐，严重阻碍了整体社会经济的发展。更可怕的是，这种地缘碎片化局势一旦固定下来，中国就会像罗马帝国崩溃后的欧洲那样，出现小国林立的"巴尔干化"格局，永久性陷入动荡与衰落状态。

蒙元帝国的出现，其纵然有千般不是，但彻底终结了地缘碎片化的噩梦，使中华民族实现了前所未有的大一统。在短短几十年内，蒙古铁骑南征北战，先后征服了畏兀儿（1209年）、哈剌鲁（1211年）、西夏（1227年）、金（1234年）、吐蕃（1239年）、大理（1254年）、南宋（1279年），将所有政权均纳入统一版图。

元朝是中国历史上疆域面积最广的王朝。巅峰时期，疆域面积达3300万平方公里，相当于整个非洲的面积。元朝的疆域版图，向北一直延伸到北冰洋，东北从库页岛一直延伸到白令海峡，西北从新疆一直延伸到哈萨克斯坦境内的巴尔喀什湖，向南从台湾岛一直延伸到南海诸岛。史书记载："自封建变为郡县，有天下者，汉、隋、唐、宋为盛，然幅员之广，咸不逮元。其地北逾阴山，西极流沙，东尽辽左，南越海表。"

元朝疆域之广，"汉唐极盛之时不及也"。此前，因鞭长莫及，"有统治之名，而无行政之实"的所谓"羁縻"之地，如今天的新疆、云南、西藏、台湾及南海诸岛，以及东北极边地区，悉数置于中央政府有效管辖之下。当前中国辽阔的陆地和海疆面积，固然直接继承的是清朝疆域版图，但往前追溯，蒙元帝国开疆拓土的功绩不容抹杀。

忽必烈定都大都后，为"通达边情，布宣号令"，以大都为中心，修筑了四通八达的驿站和驿道，由此极大便利了境内各地、各族交往。"适千里者，如在户庭；之万里者，如出邻家。"大量边疆少数民族迁至内地，同时很多汉族移居边疆，不同民族杂居互婚，促成了民族大融合。一些古老民族（如党项、契丹）

逐渐消失，新出现了回族、东乡族、土族、撒拉族、保安族、裕固族等新民族，最终奠定了中华民族"一体多元"的族群结构。元朝的行省制度也一直延续至今。

蒙元帝国的横空出世，还彻底重塑了欧亚大陆的地缘版图。蒙古帝国南征北战，被其消灭的政权超过20个，包括西夏、金、宋、哈剌契丹、花剌子模帝国、亦思马因帝国、阿巴斯王朝、塞尔柱王朝、阿尤布王朝、弗拉基米尔—苏兹达里公国、钦察部落联盟、克列汗国、乃蛮部落联盟，以及蒙古草原上的塔塔尔部等。用日本学者杉山正明的话说："欧亚大陆的东西两半被首次真正地贯通起来。"

在中东伊斯兰世界，蒙古西征及其与马木留克王朝的对峙，将整个中东分为东部的波斯语文化圈和西部的阿拉伯语文化圈，这种状况一直延续至今。在欧洲地区，蒙古西征极大地激发起欧洲各国"自强"动力，欧洲由此出现了王权独立化和文艺复兴潮流，物质和精神面貌均开始了根本性变化。

蒙古西征还极大地改变了世界地缘经济格局，为重启"丝绸之路"埋下伏笔。自西汉开始，中国"凿空西域"，开启东西方文明交往的"丝绸之路"。历史经验表明，"丝绸之路"兴衰起伏，与欧亚大陆的治乱兴衰息息相关。自唐朝"安史之乱"以来，中国内乱丛生，地方政权割据，通往西域的"丝绸之路"由此日渐衰落。但从元朝开始，欧亚大陆的空前统一，为重启"丝绸之路"奠定了坚实基础。

元朝政府对通商贸易也非常重视。早在1206年成吉思汗被推举为大汗的大会上，他就设置了名为"哈剌赤"的卫士，主要职责就是保护商人安全，并资助商队进行远程贸易。窝阔台大汗创立了驿站制度，扩大保护商路安全的巡逻队，还专门在各地建设有砖墙的水井，目的是防止动物掉到井里污染井水。忽必烈建立元朝后，更是以大都为中心，建立了四通八达的道路。道路连通极大便利了东西方贸易往来。

西汉刚刚开通"丝绸之路"时，东西方贸易的商品数量和品种都很有限。元朝时期，东西方贸易则发展到空前繁荣程度。从东方流向西方的物品种类繁多，纺织品有丝绸、绢帛、锦绫、布匹；陶瓷有瓷盘、瓷瓶、水坛；金属器皿有金器、银器、铁器；生活用品有木箱、皮箱、漆器、雨伞；文具有纸笔等。《通商指南》记载："汗八里都城商务最盛，各国商贾辐辏于此，百货云集。"元代陈大震编撰的《南海志》，则描述了作为海上丝绸之路重镇广州的外贸繁荣景象："山海为天地宝藏，珍货从出，有中国之所无。风化既通，梯航交集，以此之有易彼之无，古人贸通之良法也。"

东西方文化交流也由此进入活跃期。基督教、伊斯兰教、摩尼教、婆罗门教、犹太教等外来宗教，随着西域人涌入中原，遍及内地各个城市。阿拉伯人、波斯人的天文、医学成就也被引入

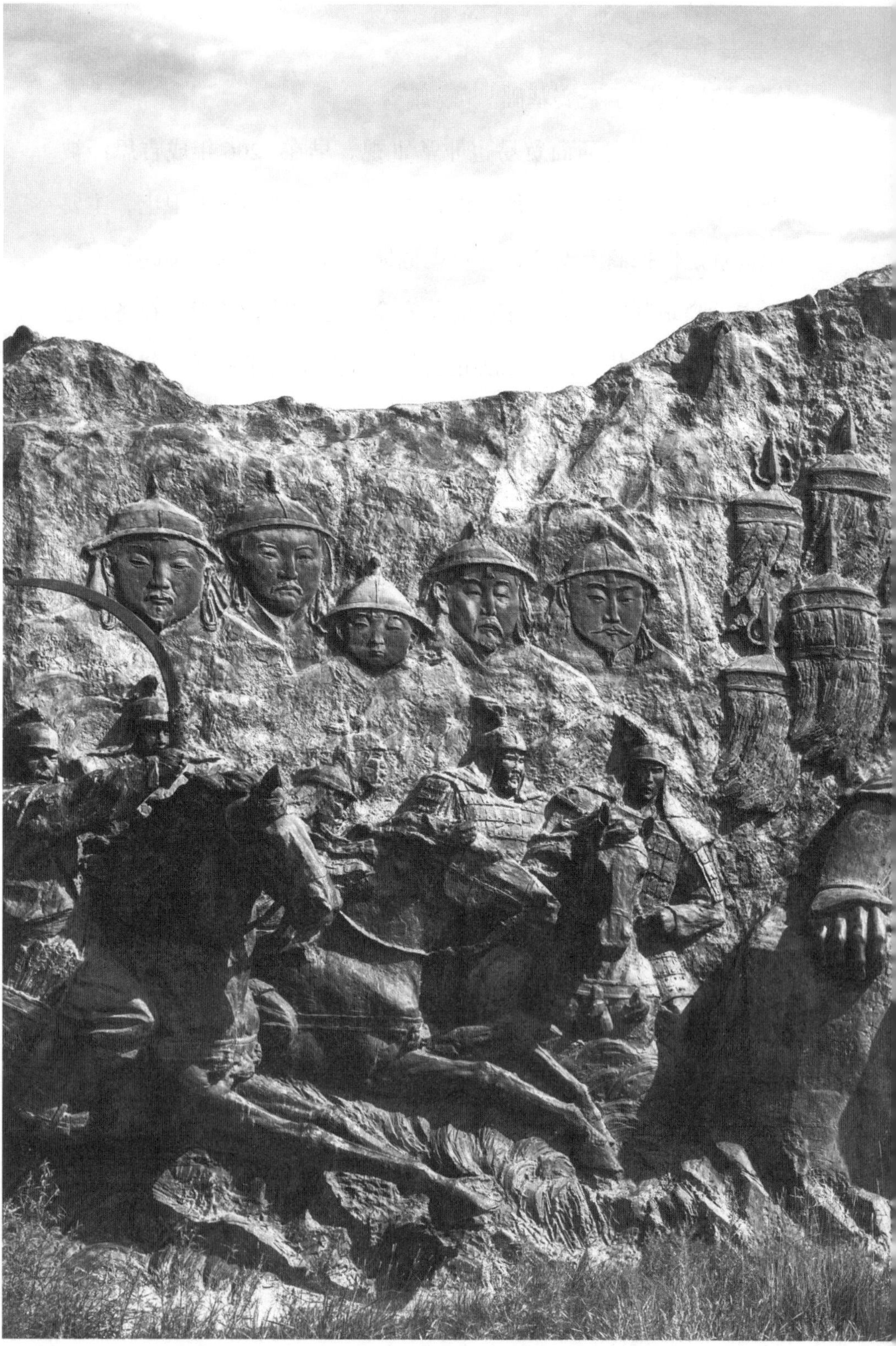

< 元上都遗址

中国。景德镇从1325年开始生产青花瓷，其采用的钴青染色法技术就来自伊朗。与此同时，中国的印刷术、传统绘画艺术等，也随着"丝绸之路"传向西方。有学者研究后认为，意大利画家彼得罗·洛伦泽蒂为锡耶纳大教堂创造的著名油画《圣母诞生》，其色彩运用能够看到中国唐朝画家吴道子的影子。罗马教皇伯努瓦十四世死后，其遗体上覆盖的就是一块中国丝绸。

据记载，与元朝有往来的国家和地区有200多个，分布范围包括东南亚、印度次大陆、阿拉伯地区以及非洲东北部。绘制于14世纪初的《混一疆理历代国都之图》，是中国历史上已知的第一幅世界地图，这幅地图就是根据元代两幅地图合绘而成，图中包括中国、朝鲜半岛，还有许多东南亚国家，以及阿拉伯半岛、非洲和欧洲。这充分说明，元朝已经具备了一定的国际视野。

对蒙元帝国沟通东西方的特殊作用，西方学者给予极高评价。法国历史学家勒内·格鲁塞在其《草原帝国》中指出："由于把所有突厥—蒙古民族统一于一个唯一的帝国中，在从中国到里海的范围内强行贯彻铁的纪律，成吉思汗平息了无休止的内战，为商旅们提供了前所未有的安全。""历史上第一次，中国、伊朗与欧洲互相之间开启了真正的接触。这是震惊世界的成吉思汗征服所产生的意想不到的结果。"

美国学者梅天穆在《世界历史上的蒙古征服》中指出，"蒙古帝国完全可以定义为世界史"，"对欧亚大陆而言，史上再无其

第六章

他事件或帝国有如此巨大的影响。蒙古人将军事革新、国际贸易、世界宗教传播,以及技术和思想的扩散都融入一炉,即蒙古征服"。有人将蒙古帝国促使的东西方文明交流,称之为"成吉思汗大交换",这话并不为过。

草蛇灰线,伏脉千里

当年忽必烈定国号大元,来自《易经》"大哉乾元",取其"训始训大,万物始生"之意,希望国运昌盛,历经万世而不衰。然而,与汉唐盛世及后来的明清相比,元朝无疑是个短命王朝。从1206年铁木真自封成吉思汗,到1279年忽必烈统一中国,元朝仅用73年时间,就成为世界上领土最广阔的国家。然而,从1271年忽必烈建号大元到1368年顺帝北逃,元朝正式统治时间仅有98年。真可谓"其兴也勃,其亡也忽"。

"冰冻三尺,非一日之寒",这个曾经席卷欧亚大陆、令西方闻之变色的蒙元帝国,之所以在短期内衰亡,显然不是偶然的,也不是单一原因所能解释的。元朝的国家治理从一开始就埋下诸多隐患。这些隐患如同一堆干柴,随时可能因一根火柴就点燃大火。归纳起来,元朝的国家治理主要有三大隐患。

第一大隐患:"神器久虚"。继承危机一直是所有游牧民族的通病。成吉思汗作为"一代天骄",亲手打造了地跨欧亚大陆的蒙古帝国,但同样也留下巨大政治隐患:皇位继承没有明确规定,只仰仗忽里勒台大会公选。这种继承制度,使元朝每逢皇位交接,便会出现激烈权争。元朝统治中原不足百年,却换了11位皇帝。每次皇位继承,都伴随着惊心动魄的宫廷内斗。

在元朝的皇位争夺战中,最离奇的就是"南坡之变"。1320年,元英宗上台后大胆改革,起用儒生、裁撤冗官、减轻赋税、制定新法。这些举措直接触犯蒙古和色目贵族特权,也使贪官污吏惶惶不可终日。1323年秋,乘英宗结束避暑,从上都(今内蒙古正蓝旗)返回大都(北京)之际,在距上都西南30里的南坡店,奸相铁木迭儿的余党铁失等人发动政变,杀死英宗皇帝和宰相拜住,并扶植晋王也孙铁木儿继位(泰定帝)。这就是著名的"南坡之变"。此后,元朝几乎一两年就发生一次宫廷政变和权臣争权。1328—1333年,5年换了5个皇帝,在位时间最短的天顺帝仅1个月,最长的文宗也不过5年。1295—1368年短短70余年间,元朝更换了10个皇帝。

走马灯般的权力更替,导致元朝政治始终没法走上正轨。每次权力更替都是"一朝天子一朝臣",内外政策大幅摇摆。日本学者杉山正明曾经指出:"大汗一变,一切都会改变。蒙古的大汗交替相当于王朝的更替。"继承危机导致政局混乱,元朝始终没能出现类似清朝的康乾盛世。

第六章

需要指出的是，在元朝后期（尤其"天历之变"后），其最高权力实际落入钦察、阿速、康里等族亲卫军手中（最典型的是权臣燕铁木尔），大汗成为傀儡，权威一落千丈。长期以来以大汗为中心的"蒙古共同体"的法统基础根基动摇，直接加剧蒙元帝国的解体进程。

第二大隐患："忘记初心"。一般来说，一个朝代在开国时期往往能励精图治，整个国家蒸蒸日上，走上坡路。但随着时间推移，当权者沉迷享乐、背离民众，政权由盛转衰，最终导致"其兴也勃，其亡也忽"的历史周期律。元朝同样未能摆脱这一历史铁律。

当年元帝国能够横扫欧亚大陆，建立起超大帝国，除依靠训练有素、所向披靡的蒙古铁骑外，更重要的就是上下同心，统治者能够与普通将士同甘共苦。对外征战时，蒙古大汗经常身先士卒、亲冒矢石。成吉思汗曾在战争中多次负伤，并最终病死在征伐西夏的战争中。蒙哥大汗亲自率军进攻南宋，在围攻钓鱼城时负伤身死。忽必烈同样身先士卒，73岁高龄还带队出征。

这种进取精神体现在用人上，就是唯才是举、知人善任。然而，随着承平日久、江山稳固，元朝统治者日渐沉迷享乐、背离初心。忽必烈之后的元朝皇帝，大多昏聩无能，对治国理政一窍不通。相对能干者（如仁宗、文宗、英宗等）又很短命。元朝的末代皇帝元顺帝当政之初，曾有励精图治之意，但政策受挫后便消极怠政，耽于享乐。据史书记载，元顺帝特别喜欢干木匠活儿，被称为鲁班天子。他设计制造的龙舟惟妙惟肖，在水上行驶时，龙头、龙尾、龙眼和龙爪都会随之舞动，宛如真龙戏水。他制造的宫漏（计时器）极为精巧，《元史》称其"精巧绝出，人谓前代所鲜有"。除热衷木匠活儿，元顺帝还沉湎于房中术。为肆意宣淫，顺帝在大都宣文阁构筑秘室，在上都修建穆清阁，完全将军国大事抛于脑后。

"上有所好，下必甚焉。"元朝皇帝沉迷享乐、怠于政事，带动整个元朝官场吏治腐败，一片乌烟瘴气。最典型的就是权臣乱国。

忽必烈时期，主管财政的阿合马深受皇帝信任，但此人媚上欺下，对百姓横征暴敛，同时还卖官鬻爵，结党营私。阿合马既贪财又好色，见到良田，就要据为己有；看到美女，必欲占为妻妾，他的大小老婆多达400多人。最后落了个"活着贪财，死了喂狗"的下场。

元仁宗时期，中书右丞相铁木迭儿，仰仗太后恩宠，排斥异己，结党营私，贪污受贿，强占民田，无所不为。铁木迭儿去世后，左丞相拜住揭发其生前贪污罪行。英宗下诏查抄其家产，搜到的金玉珠帛价值不可计数。

文宗时期，中书右丞相燕铁木尔，因有从龙之功，成为"一人之下，万人之上"的权臣。史载，燕铁木尔"挟震主之威，肆意无忌",过着极其荒淫的生活。他经常大摆筵席,还先后将 40 多名宗室之女占为己有,连泰定帝的遗孀都成了他的夫人,妻妾多得连自己也认不全,最终因荒淫无度而一命呜呼。

元顺帝时期,伯颜(非征服南宋的大将伯颜)因有拥立大功,成为新一代权相。伯颜担任丞相之初,提倡农事,减少苛捐杂税,做过一些好事。但随着权力增大,伯颜开始肆意妄为,到处安插亲信,任意捕杀和贬损官员,甚至都不跟皇帝打招呼。他出行时前呼后拥,仪仗气派连皇帝也相形见绌。时传"天下贡赋尽入伯颜之家,天下之人唯知伯颜而已",可见其贪腐之烈,权势之盛。

在这种官场文化熏陶下,各级官僚自然见样学样。许多官员巧立名目,绞尽脑汁搜刮财富,"所属始参曰拜见钱,无事白要曰撒花钱,逢节送礼曰追节钱,生辰曰生日钱,论诉曰公事钱"。监察官员因害怕得罪官僚而不敢弹劾有罪官员,甚至自身也大肆贪污受贿,利用巡行州县之时,肆意勒索。史载当时"官皆污滥,民悉怨咨"。仅 1303 年受处分的贪官污吏就达 1.8 万人,赃银 4.5 万锭,因贪污受贿造成的冤假错案 5176 起。元朝官场之乱可见一斑。到元顺帝继位前,元朝已出现统治危机。"数十年来,风俗大坏,居官者习于贪,无异盗贼,己不以为耻,人亦不以为怪,其间颇能自守者,千百不一二焉!"

曾经令整个欧亚大陆闻之丧胆的蒙古铁骑,也在糖衣炮弹

经济危机摧垮的大元帝国

腐蚀下失去了战斗力。《草木子》称："朝自平南宋之后，太平日久，民不知兵，将家之子，累世承袭，骄奢淫逸，自奉而已。至于武事，略不知讲，但以飞觞为飞炮，酒令为军令，肉阵为军阵，讴歌为凯歌，兵政于是不修也久矣。几乎天下之变，孰能为国家爪牙，此元之所以卒以不振也。"元朝末年，元军前往镇压刘福通的红巾军起义，看到漫山遍野的红巾军队伍，吓得望风而逃，已没有早期那种金戈铁马的杀伐之气。

元朝积弊陈陈相因。宫廷内部是争权夺利、安于享乐；各级官员是贪污腐化，鱼肉百姓；各级军官则是骄奢淫逸、克扣士兵。有道是"鱼烂头先烂"，元朝统治集团已经从根上烂掉。元末流行一首《醉太平小令》："官法滥，刑法重，黎民怨。人吃人，钞买钞，何曾见。贼做官，官做贼，混贤愚，哀哉可怜。"《草原帝国》对此评论道："他们被宫廷生活和过度的骄奢淫逸所腐蚀，……蒙古人的活力消失殆尽……当灾难临头时，只会悲伤。"统治集团自身的堕落，使得曾经不可一世的元王朝根基动摇，最终在风雨飘摇中像纸房子一样轰然倒下。

第三大隐患："马上得之，马上治之"。王朝兴替很重要的一条经验教训就是"马上得天下，不能马上治天下"。但元朝的国家治理路径恰恰与其背道而驰。元朝是少数民族建立的政权。从理论上说，统治者要想长治久安，必须"一碗水端平"，对境内百姓一视同仁。但元朝统治者从狭隘的草原本位主义出发，将维护蒙古人特权放在核心地位,并按照"谁先归附蒙古统治,谁就受到格外优待"的"马上得天下"逻辑,有意识将全国人口分为四等:蒙古人为第一等,其次是色目人,再次是汉人,地位最低的是南人。

各族等级不同,政治经济地位和待遇也差异甚大。以做官为例,元朝入仕有多种途径,其中最主要的是看"根脚"(即出身门第)。重要官职只能由蒙古人和色目人担任。元朝军政高官主要来自怯薛。怯薛原来是蒙古贵族的亲兵,不仅承担护卫大汗的职责,还参与治理军国大事,后来发展为元朝最重要的官僚集团。怯薛的主体就是蒙古人,特别是蒙古贵族。成宗即位后,更是明确规定汉人和南人不得进入怯薛。元朝虽然在仁宗、英宗时期恢复了科举制,但由于录取名额有限(每科只有数十人),根本于事无补,起不到"天下英雄尽入吾彀中"的遴选人才作用。

元朝官制还规定,正职只能由蒙古人担任,汉人、南人只能当副职,甚至连副职也当不上。例如,中书省最高长官中书令,一直由太子担任,副职也基本都是蒙古人。执掌兵权的枢密院使,同样由太子兼任,副职知枢密院事及同知枢密院事,同样与汉人无缘。地方行政首脑(达鲁花赤,蒙语"控制者"之意)也一律用蒙古人。

这种只讲出身,不论才干的用人制度,与早年唯才是举形成鲜明对比。其最终结果,就是整个元朝官场昏聩无能,劣币驱逐良币的逆淘汰现象十分严重。

在社会生活中，民族歧视和民族压迫也随处可见。元朝法律规定，蒙古人打死汉人，只需打50下和象征性罚款，汉人打死蒙古人，不仅要被处死，还要罚没家产，全家充军发配。法律还规定，汉人不能打猎、持有兵器、集会拜神、学习武术、赶集赶场，甚至禁止夜间走路。元朝还将每20家汉人编为"一甲"，由蒙古人担任"甲主"，甲主可以随意处置这些汉人的财产和女子。这种规定已不仅是民族歧视问题，还带有恢复奴隶制的色彩，将汉人当成了蒙古人的奴隶。这完全是开历史倒车。

说到底，元朝统治者在中原的统治，始终没有摆脱"外来户"心态，始终没有把天下真正当成自己的天下，因而对广大民众"重搜刮、轻治理"，对境内各族"内北国而外中国、内北人而外南人"。这些做法看似深谙驭国之道、最符合自身利益，实则人为加剧了社会分裂，统治基础日趋动摇。元朝统治者如同坐在日趋活跃的火山口上，随时可能被喷涌而出的岩浆彻底毁灭。

发行纸币埋下隐患

元朝最终灭亡，固然是多种因素共同作用的结果，但货币金融领域出现问题，是导致元朝政权日趋垮台的根源。从表面

第六章

上看，元朝灭亡源于红巾军起义。往前追溯，广大民众之所以冒着杀头危险揭竿造反，是因为"不能照旧生活下去"。元末流传一首民谣："堂堂大元，奸佞专权，开河变钞祸根源，惹红巾万千。"这首民谣提到元末农民起义的两大诱因：一是"开河"，也就是刘福通等人参与的修治黄河；二是"变钞"，即政府滥发纸币导致货币信用崩溃。在这两大导火索中，大兴水利只是局部性原因，财政危机导致的货币危机，才是元朝灭亡的结构性原因。

元朝是中国历史上首个将纸币作为全国通用货币的朝代。元朝全面使用纸币，首先是适应蒙元帝国疆域广阔的现实需要。元朝统治疆域极为广大，它不仅包括忽必烈直接管辖的元朝，还包括蒙古诸王西征时建立的钦察汗国、察合台汗国、伊利汗国。三大汗国虽然实质上独立，但名义上仍受到元朝统治者的统辖。在如此辽阔的疆域内，各地区、各汗国之间进行经贸往来，流通媒介是个大问题：易物贸易过于原始，使用铁钱输送不便，携带金银风险过大。相比之下，纸币携带轻便、易于兑换，非常适合在广阔疆域内全面流通和使用。

与此同时，使用纸币还可根本缓解因金银匮乏导致的钱荒问题。与拉美和非洲相比，中国本土金银等贵金属极为匮乏，甚至连黄铜储备也有限。自唐朝中期到明朝中叶，中国一直存在可流通的铜钱数量不足问题。尤其两宋时期，商品经济高度发达，市场对铜钱需求量与日俱增。但由于国内铜矿储量有限，加之海外贸易流失，及每年给辽金大量"岁币"，再加上私人囤积铜钱牟取暴利，导致钱荒问题日趋严重，民间"钱尤难得"。货币供应减少导致通货紧缩，极大制约了经济发展。正是为解决钱荒问题，两宋时期就开始发行纸钞。北宋的交子还是中国历史上最早的官方纸币。元朝沿袭前朝做法，全面使用纸钞，同样是为了避免钱荒问题。

元朝的钞制设计也很精巧完善。一是设立准备金制度——钞本。不同于两宋和金朝，元代的纸币制度彻底废弃了金银和铜钱作为辅助货币。为确保货币信用，元朝发行钞本作为纸币准备金。中统元年（1260年）10月发行中统宝钞，第二年正月又颁布"中统元宝交钞榜"，发行交钞（钞本），以丝为本，"每一贯同钞一两，每两贯同白银一两行用，永为定例，并无添减"。这样，纸币与钞本挂钩，钞本与金银挂钩。按元朝钞制规定，钞本不准挪用，纸钞发行量也有严格限制，由此确保币值稳定。二是设立完善的金融机构。至元十七年（1280年）元朝政府专门设立了"交钞提举司"（相当于"中央银行"），负责印制、管理和发行纸钞。元朝还建立了"平准行用库"（相当于商业银行），准许民间按照一定比例用金银兑换交钞，或用交钞兑换金银。政府还设立了回易库，用于处理昏钞（烂钞）、兑换新钞。三是颁布法令严防伪钞。至元十四年（1277年），元朝政府颁布法令，明令

第六章

"凡伪造宝钞、同情者并处死,分用者,减死杖之"。从效果看,元朝发行纸钞的最初几十年间,由于纸币发行数量严格限制,加之准备金充足,中统钞币值一直稳定坚挺,并广为使用,由此一度使元朝迎来短暂的经济繁荣期。但好景不长,自1274年以后,随着政府财政赤字加剧,政府开始滥发货币,导致恶性通胀,最终引发货币体系崩溃。在一连串连锁效应的冲击下,元朝最终走向覆亡。

元朝覆亡的"多米诺效应"

元朝经济的崩溃是个典型的多米诺效应。它最初表现为财政危机,然后引发滥发货币,而纸币泛滥导致货币信用丧失和国家横征暴敛,最终导致政权垮台。

第一张倒下的多米诺骨牌:开支无度导致财政危机。财政危机是元朝货币制度崩溃的直接诱因。有学者将元朝的财政危机分为五个阶段:1276—1286年是轻度期,1287—1307年是中度期,1308—1320年是重度期,1321—1341年是缓和期,1342年—1368年是恶化期。元朝财政赤字总体为日益恶化趋势。元朝财政收支恶化,主要有三方面原因。

第一,滥赏滥赐。蒙元帝国从立国之初就有皇帝大赏群臣的传统，且赏赐规格远超其他朝代。元朝定制的赏赐对象包括：皇子、诸王、后妃、公主、驸马以及其他皇亲国戚；非定制的临时赏赐对象有禁卫、边庭将士、外邦王、西僧、女巫、伶人等。皇帝对"黄金家族"内部诸王、后妃、勋臣每年的赏赐，主要包括三部分：一是"岁赐"，以银锭为主，辅以缎、棉、绢、羊皮等；二是"五户丝"，是专门针对原金朝统治区民众征收的税赋；三是"江南户钞"，是专门针对原南宋统治区民众征收的税赋。

元朝的赏赐次数多、范围大，而且数额逐年递增。元世祖在位35年，赏赐上百次；成宗在位13年，赏赐近百次；武宗在位5年，赏赐30多次；仁宗在位10年，赏赐50多次；英宗在位3年，赏赐20多次。据粗略统计，从中统建元到至治二年60年间，元朝皇帝共赏赐300多次。

尤其忽必烈去世后，皇位更迭如同走马灯，新皇帝根基甚浅，只能靠大规模赏赐笼络蒙古贵族。例如，1294年铁穆耳（成宗）即位后，打破忽必烈时期原定的岁赐额度，赏赐中金的数额比忽必烈时期多4倍，银多2倍。巨额赏赐直接导致财政吃紧。成宗即位后仅2个月，中书省上书汇报称，朝会赐予之外，余钞只有27万锭。元武宗即位不到1年，就用钞820余万锭，而当时每年国库收入仅280万锭。天历二年（1329年），元文宗赏赐宫中1.3万卫士每人4000贯，共计5200万贯，相当于宋初全国3年的财政收入。

第二，宗教活动耗资不菲。元朝将藏传佛教奉为国教，并耗费大量人力物力财力修建寺庙、刊印经书，而修缮金顶、重塑金身佛像要消耗大量金银。元朝政府还组织了名目繁多的佛事活动（约有500多种）。据记载，延祐四年统计的皇室佛事费用，"其费以斤数者，用麦四十三万九千五百、油七万九千、酥二万一千八百七十、蜜二万七千三百"。频繁而消耗巨大的宗教活动，导致元朝财政状况雪上加霜。

第三，常年征战导致国力透支。元朝是"马背上的帝国"，发动战争是家常便饭。元朝建立前，蒙古帝国先后通过战争手段消灭了西辽、西夏、金国、吐蕃、大理、南宋等多个政权。元朝建国后，当政者继续穷兵黩武，先后对日本、爪哇、安南、缅甸等发动战争。与此同时，由于汉人"抗元复宋"起义此起彼伏，元朝政府还得花费力气镇压农民起义。据统计，仅1280年以后，元朝有记录的战争近230场。整个元朝历史，没有战争记录的时间只有22年，其中连续没有战争的时间最长不过3年（1303—1305年）。连年用兵导致整个国家始终无法休养生息，军费负担沉重。例如，至元二十四年（1287年），元军大举南征，仅从元旦到2月中旬，军费开支就达50万锭，这相当于唐朝天宝年间全国税收的10倍。

此外，元朝统治也是时运不济。从14世纪初开始，欧亚大陆长期气候异常，干旱、洪水、地震、瘟疫等自然灾害层出不穷，政府不得不花费大量钱财用于赈灾，这使本就捉襟见肘的财政状况更趋恶化。

在上述因素的合力作用下，元朝财政状况日趋恶化。据统计，1274—1283年间，元政府财政赤字达100多万锭；从至元二十四年（1287年）到成宗大德年间（1297—1307年），元朝全年财政收入约300万锭，支出约360万至400万锭，财政赤字占总收入20%以上。至大元年（1308年），全年财政收入仅200万锭，但财政支出高达1000万锭，财政赤字达800万锭。至大四年（1311年），全国财政收入400万锭，但开支超过2000万锭，财政赤字高达1600万锭，是全国收入的4倍。元朝财政赤字居高不下，近乎到了国家破产的境地。

第二张倒下的多米诺骨牌：财政危机导致"病急乱投医"。面对日趋严重的财政危机，元朝政府本应缩减开支，过"紧日子"乃至"苦日子"，但早已习惯了大把花钱的元朝统治者不可能接受这种做法。为解燃眉之急，元朝统治者采取了三项饮鸩止渴、涸泽而渔的举措。

第一招是动用货币准备金。纸币本身没有价值，只有当纸币可以置换同等面额的金银或其他等价物时，纸币才有信用基础。元政府发行纸币之初，曾储备了足够多的准备金（钞本）。按照元政府规定，钞本不得任意动用，由此确保币值稳定。然而，计划赶不上变化，随着财政状况日趋恶化，元朝统治者开始大量挪用货币准备金。至元十三年（1276年），掌管财政大权的阿合马动用诸路平准库的金银本金，致使钞法大乱，物重钞轻，"一贯才当往日一百"。成宗时期，元政府命令各路平准库将作为钞本贮藏的93.7万两白银，除19.25万两留作钞母外，其余全部运往京城。4年后，又"借用"20万锭货币储备金。成宗时期，因财政状况恶化，一半花费借自钞本。至大元年（1308年）二月，武宗政府因财政急需820余万锭，"然计无所出"，遂支取钞本710万锭，再次破坏元朝钞制。

钞本总量有限，但元政府对借支钞本的需求却是无限的。最后，元朝政府从借支、权支、到支，再到印造钞本。至大三年（1310年），元朝印制的钞本正式出笼，这就意味着"钞本"由原来平准物价、兑换昏钞的经营本金，变成正常纸币之外的另一种没有固定发行数量的新货币。因此，钞本一出，原来流通的纸币顿成无人问津的废纸。再加上中亚商人走私出口金银导致金银外流，元朝基于银本位的纸币制度根基日趋动摇。

第二招是滥发纸币。元朝政府为弥补财政亏空，将负责货币发行的交钞提举司当成了印钞机，通过增发货币缓解财政压力。元朝的纸币中统钞发行之初，每年发行量非常节制，由此才确保纸钞价值稳定，民间"视钞重于金银"。然而到中后期，纸币发行数量日趋失去节制。1260—1276年间，元朝每年货币发行量在2万—23万锭，而1276年的货币发行量达到141.9万锭，

1285年再增至204.3万锭，1286年高达2018.2万锭。

元朝滥发货币的另一种方式，就是不断进行币制改革，用新纸币取代旧币。元朝前后发行过五版纸币。最早是交钞（约1228—1260年），这时元朝还未正式建立，官方纸币大多沿袭宋金旧制。第二是中统钞（约1260—1267年）。中统钞有充足的准备金，所以币值稳定，在全国广泛使用。第三是至元钞（约1267—1350年）。至元钞与中统钞同时流通，规定至元钞与中统钞的兑换比率为1:5。第四是至大银钞（约1309—1310年），至大银钞与至元钞的兑换比率仍是1:5。第五是至正钞（约1350—1368年）。

元朝政府更换纸币，本身就是洗劫民众的过程。至元钞是中统钞的5倍，至大钞又是至元钞的5倍。这意味着，在其他条件不变情况下，元朝货币价值在不到50年内贬值96%。实际情况比估算的更糟。元朝越是后期发行的货币，数量越庞大，由此导致通货膨胀到了无以复加的程度。例如，中统元年（1260年），元朝中统钞发行量约7万锭，折合每人62文。到至元二十四年（1287年），元朝发行的至元钞票数量为509万余锭，折合每人1.3万文，发行量增加208倍，物价上涨数十倍。至大三年（1310年），元朝发行至大银钞145万锭，折合中统钞3600多万锭，平均每人7.8万文，比中统初年增加1253倍。尤其在末代皇帝元顺帝时期，纸钞发行量"不可数计"。至正十二年（1352年）和至正十三年（1353年），至正钞发行额按中统钞计算，达到1950万锭。至正十五年（1355年），印制的至正钞数量相当于中统钞6000万锭，为历史最高。至正钞"每日印造，不可数计"。

元朝屡屡变更钞法、滥发纸币，造成"物重钞轻""人视之若弊楮"。据统计，元朝末年的通货膨胀率是建国初期的100余倍。至正六年（1346年），1两金值300贯中统钞，1两银值30贯中统钞。到至正十年（1350年），变成1两金值500贯中统钞。

元朝后期，纸币基本丧失了流通与支付功能，许多地方恢复了以货易货、以物换物的原始贸易方式，市场上的勾栏、粮店、酒肆、茶房私自印制茶帖、面帖、竹牌、酒牌等进行流通，这实际是用私人自制货币取代了国家的法定纸币。

第三招是横征暴敛。元朝赋税本来就"南重北轻"，不平等、不均衡问题严重。蒙古人是统治民族，赋税负担很少。成吉思汗时期，蒙古人根本无须纳税。窝阔台执政时期，蒙古人开始纳税，但税赋只占马牛羊数量的百分之一，还不用服劳役。原来金朝统治下的中原民众，则需要担负丁税（按人头纳税）和地税（按土地纳税）。原南宋统治下的南方地区，除缴纳丁税和地税，还要缴纳夏、秋两税。这种不平等的纳税制度，导致原来富甲天下的江南地区民不聊生，原本贫瘠的塞北地区反而变得极为富庶。史载"王泽之施，少及于南，渗漉之恩，悉归于北，故贫极江南，富称塞北"，说的就是这种情况。

需要指出的是，蒙元政权并未像以往的政权更替那样，缓解土地兼并问题，大地主阶级和大土地所有制完整保留下来。元朝实行的保税制，又使大地主阶级免税或少缴税，中下层农民和佃农则成为诸多税赋的主要承担者。佃农要向地主缴纳五六成乃至八成以上的高额地租，此外还要受水脚、稻藁等额外赋税的盘剥。这相当于"逮住一只羊使劲薅"，导致阶级矛盾日趋尖锐。

尤其到元朝后期，随着财政危机加剧，政府加紧搜刮百姓，苛捐杂税多如牛毛。据史料记载统计，元朝后期的税额比元初增加了20倍以上，元文宗时期的各项赋税比忽必烈时期增加了100余倍。有人评价元朝的税收政策"割剥民饥，未见如此之甚"。"酒课、盐课、税课，比之国初，增之十倍，征需之际，民间破家荡产，不安其生。"

元人有一首《正宫·醉太平》："夺泥燕口，削铁针头，刮金佛面细搜求，无中觅有。鹌鹑嗉里寻豌豆，鹭鸶腿上劈精肉，蚊子腹内剜脂油，亏老先生下手。"这首词讽刺的就是元朝官吏近乎涸泽而渔的横征暴敛。这种做法极大激化了社会阶级矛盾，为元末农民起义的全面爆发埋下伏笔。

第六章

压垮骆驼的最后一根稻草

官逼民反是中国王朝更替的最终宿命。元朝同样未能摆脱这一宿命。元朝末年，白莲教首领韩山童和刘福通利用传教之机，到处散布天下即将大乱的舆论。1351年，元朝政府在国力空虚的情况下，征用17万民夫整治黄河故道。官吏还克扣民工伙食费，"朝廷所降食钱，官吏多不尽给"，由此导致大量民夫饿死，"死者枕藉于道，哀苦声闻于天"。韩山童、刘福通等人认为起义时机已到，便预先在颍州（今安徽阜阳）黄陵岗开河工地埋下独眼石人，上刻"莫道石人一只眼，此物一出天下反"。修河民工

< 元代井口石

经济危机摧垮的大元帝国

挖出石人，认定天将亡元，就积极参加韩山童、刘福通领导的红巾军起义，史载"贫者从乱如归"。星火燎原般的元末农民起义，最终彻底埋葬了元王朝。

仅从结果看，元朝确实亡于农民起义，但往前追溯，元末农民起义的导火索之一，就是频频更换钞法、滥印货币，忽视了金融安全。元朝货币制度崩溃，导致元朝财政体系失效，并极大激化阶级矛盾。《元史·食货志五》记载："京师料钞十锭，易斗粟不可得。既而所在郡县，皆以物货相贸易，公私所积之钞，遂俱不行，人视之若弊楮，而国用由是遂乏矣。"广大民众走投无路，只能选择揭竿造反。

总之，元朝的衰亡是诸多矛盾长期积累、相互作用的连锁反应的过程：财政危机加剧，导致政府滥发纸币；滥发纸币导致物价飞涨和货币体系崩溃；货币体系崩溃导致经济全面崩溃；最后，经济危机与固有的政治危机、阶级矛盾、民族矛盾相互交织，终使看似庞大的元朝，像纸房子一样轰然倒塌，徒然留下"其兴也勃，其亡也忽"的历史慨叹。

参考文献

1. 宋濂等著:《元史》,中华书局1976年版。
2. 陈邦瞻:《元史纪事本末》,中华书局1979年版。
3. 程郁、张和声:《金戈铁马:916年至1368年的中国故事》,上海文艺出版社2005年版。
4. 黎东方:《细说元朝》,台湾文星书店股份有限公司1966年版。
5. [法]勒内·格鲁塞著,项英杰译:《草原帝国》,商务印书馆2013年版。
6. [美]梅天穆著,马晓林、求芝蓉译:《世界历史上的蒙古征服》,民主与法制出版社2017年版。
7. [日]杉山正明著,周俊宇译:《忽必烈的挑战:蒙古帝国与世界历史》,社科文献出版社2013年版。
8. [日]杉山正明著,孙越译:《蒙古帝国的兴亡》,社科文献出版社2010年版。
9. [日]杉山正明著,黄美蓉译:《游牧民的世界史》,中华工商联出版社2014年版。
10. 白龙飞:《元朝赤字财政下的货币政策问题研究》,《思想战线》2011年第6期。
11. 蔡凤林:《论元朝的"四等人制":兼论元朝政治文化的若干特征》,《内蒙古师范大学学报》2008年第3期。
12. 陈高华:《元朝的兴衰》,《党建》2010年第11期。
13. 冯作典:《论元朝政权消亡的根本原因及其深刻的历史教训》,《内蒙古师范大学学报》1998年第5期。
14. 窦相国:《论元朝钞制实行的原因及影响》,《黑龙江史志》2013年第6期。
15. 刘森:《元钞"钞本"初探》,《河南大学学报》2007年第2期。
16. 李晓、李黎明:《元朝纸币制度的选择、运行与崩溃》,《内蒙古社会科学》2019年第3期。

17 舒炳麟:《析元朝泛滥赐贵的痼疾》,《安徽大学学报》1995年第3期。

18 杨德华、杨永平:《元朝的货币政策和通货膨胀》,《云南民族学院学报》2001年第5期。

19 姚继荣:《略论元朝仕进制度中的民族歧视政策》,《青海社会科学》1996年第3期。

20 赵永春、张宏:《元朝兴衰的历史启示》,《北华大学学报》2007年第3期。

21 [日]岩村忍著,涛海译:《元朝的纸币制度及其崩溃》,《蒙古学信息》1999年第2期。

第七章
中西大分流与明朝的衰败

第七章

史学大师钱穆评价，大明王朝取得了"不输唐朝的武功"，灭元朝、荡倭寇、平安南、"逼死"丰臣秀吉，甚至一度打败初来乍到的西方海上霸主葡萄牙，这些无不彰显明朝武功赫赫。但国力比拼，有其一时强弱、高低之分，国势所向，假以时日就会看清是在"上坡"还是"下坡"，其结果必有持久回响。

15世纪后，西方经航海大发现，借近代科学成果蔚然之风，逐渐走上资本主义殖民扩张的道路，称霸世界达500年之久。彼时，正是明朝中晚期，郑和下西洋的盛景不再，"片板不许出海"的海禁政策，迎来的却是西方早期海上霸主蚕食国土。浩瀚的太平洋，也已无法充当中国的安全屏障，澳门成为中国第一块被占土地，这看似"无关大局"，实际预演了后来的悲剧。中西方发展大分流，其势在西而不在我，累积演变，中国的国家安全遭遇了崛起后西方列强的"降维打击"，以致近代走到亡国灭种的边缘。

第七章

李约瑟之问

科学技术是生产力，而且是第一生产力。科技应用于经济、军事、社会生活等诸多领域，给人们带来翻天覆地的变化。如果科技"不安全"，也将导致国家在激烈的国际竞争中处于下风，所谓"落后就要挨打"，关键就是科技水平的整体落后。

英国历史学家李约瑟在1930年代研究中国科技史时，曾提出这样的疑问："为什么在公元前1世纪到公元16世纪期间，中国文明在获取自然知识并将其应用于人的实际需要方面要比西方文明更有成效？同时在社会制度上，中国的政教分离现象、文官选拔制度、私塾教育和诸子百家流派为何没有在同期的欧洲产生？"接踵而来的问题是，"为什么近代科学没有产生在中国，而是在17世纪的西方，特别是文艺复兴之后的欧洲？"简言之，为什么近代科学没有出现在中国？这一问题被称为"李约瑟之问"，引起了世人的长期关注和思考。可以看到，正是因为欧洲国家在近代科学领域的遥遥领先、生产力的飞速发展、整体国力的大幅提升，最终导致1500年以来西方主导世界达5个世纪，以至于今，才有"东升西降"的百年未有之大变局。

关于"李约瑟之问"的回答，见仁见智。现代科学巨擘爱因斯坦对此曾有过一段思考，或许能为解答这个问题提供一些极富价值的视角。1953年4月23日，在给友人斯威策的回信中，爱因斯坦如此写道，"西方科学的发展是以两个伟大的成就为基础的：希腊哲学家发明形式逻辑体系（在欧几里得几何学中），以及（在文艺复兴时期）发现通过系统的实验可能找出因果关系。在我看来，中国的贤哲没有走上这两步，那是用不着惊奇的。做出这些发现反而是令人惊奇的"。也就是说，在爱因斯坦看来，近代科学的诞生，依赖于两大基础，即起源于古希腊的形式逻辑体系和发端于文艺复兴的系统实验体系，这两大基础正是中国所不具备的。

李约瑟后来获悉了爱因斯坦这封信的具体内容。在1961年的牛津科学史讨论会上，李约瑟公开批评："爱因斯坦本人，本来应该是第一个承认他对于中国的、梵语的和阿拉伯的文化的科学发展（除了对于它们并没有发展出近代科学这一点外）几乎毫无所知。"他激烈地指责爱因斯坦对中国古代科学"几乎毫无所知"，但李约瑟也承认，爱因斯坦关于"中国为何没有发展出近代科学"这个问题的回答是有见地的。因此他才在批评爱因斯坦的时候，补充了一句"除了对于它们并没有发展出近代科学这一点外"。2005年《爱因斯坦文集》的译者许良英，在潜心研究多年后，也对"李约瑟之问"和"爱因斯坦之答"有了独到的体

第七章

会。他说："从大量的史实中我们认识到，近代科学虽然是古代科学的继承和发展，但两者有本质的区别。古代科学，包括古代希腊、中国、印度和中世纪的阿拉伯的科学，基本上处于现象的描述、经验的总结和猜测性的思辨阶段，主要是以直觉和零散的形式出现的；而近代科学则把系统的观察和实验同严密的逻辑体系结合起来，形成以实验事实为根据的科学理论。这就是使爱因斯坦终生感到惊奇的两个伟大发现相结合的产物。"

明朝并不缺少令世人惊艳的科技人才和著作，但在当时的社会制度和氛围中，这种人才和著作却被大大贬低了。活跃于18世纪的法国启蒙思想家狄德罗，因编撰科学工艺的《百科全书》，被誉为取得了启蒙运动的"最高成就之一"。晚明时期的宋应星，几乎比狄德罗早了一个世纪，在参加科举失败后撰写《天工开物》，于明崇祯十年（1637年）刊行，这本书堪称17世纪的"工艺百科"，他也被李约瑟尊称为"中国的狄德罗"。但宋应星却是当时人眼中的"破落秀才"，郁郁不得志，而且他自己也认为不会有什么官员读这本书。确实，明朝埋头钻研这本书的士子学人不多，受科举制影响，人们还是热衷于"四书五经"这些圣人之道，将科学工艺视为"雕虫小技"。

一直到20世纪初，久遭西方先进科技欺凌的中国，才开始特别重视这些昔日不入流的"技艺"，呼唤"赛先生"救国于危亡。1929年地质学家丁文江将《天工开物》从日本购回重印于天津时，作了《重印〈天工开物〉卷跋》一文。他说："在有明一代，以制艺取士，故读书者仅知有高头讲章，其优者或涉猎于机械式之诗赋，或品剽窃所谓性理玄学，以欺世盗名，遂使知识教育与自然观察划分为二。士大夫之心理内容，干燥荒芜，等于不毛之沙漠。宋氏独自辟门径，一反明儒陋习，就人民日用饮食器具而穷究本源。其识力之伟，结构之大，观察之富，有明一代一人而已。"

宋应星的个人际遇折射出中国传统文化的一些特点。历史已经证明，儒家思想与自然科学基本上没有本质的冲突，并且从人文与科学的关系上看还颇具互补性。但应该说，明朝作为古代封建王朝的承继者，一直依赖中国"独尊儒术"的价值取向和制度安排，特别是通过科举制这一人才选拔的主要机制或者说"指挥棒"，在构建稳定接续的文官制度、创造繁荣的文化文明同时，也将社会精英引向远离自然科学的知识领域。当人类文明的指针拨到了近现代，中西科技发展大分流的历史性时刻，原本孤立的、分散的、原始的、基于个体的体悟而进行数量叠加的技术、经济乃至于文明，都面临着成系统的、分工明确的西方文明的挑战。

"李约瑟之问"，虽由科学起，但这一问题的实质影响却超越了科学范畴。正是科学的代际领先造成了中西力量对比的大反转，西方列强凭借先进的科学及生产力主宰世界、殖民东方，曾

第七章

经战功显赫，被钱穆先生称为"武功不输唐代"的大明王朝，没能带领中国科技以至经济、军工等继续领先世界，反而走向了衰败直至覆亡。至 18 世纪中西方大打出手时，敌之对我更是造成了累积优势，呈现类似于武力对抗"降维打击"的结果。近世以来中国国力不济、安全不保，大势如此，又岂是一枪一炮、一兵一卒、一两场战役所能改变的？可以说，明王朝的辉煌没能和科技革命接轨，一落后就是"百年"差距。从工业革命、电气化革命到信息技术革命，前三次科技革命中国都未能赶上。如今，第四次科技革命正扑面而来，中国经过几代人的不懈奋斗才有望跻身本轮科技前沿，并正处于新的科技赶超历史机遇期，实现了近 500 年来第一次与世界同步，展现出中华民族伟大复兴的光明前景。尽管如此，我们要实现在第四次科技革命中的反超，仍有不可忽视的挑战，外有美国等西方传统科技强国的猛烈打压，内有不少阻碍科技发展创新的弊病。近年中国崛起一大批新兴互联网科技公司，但多是科技应用，真正支撑革命的底层基础和技术仍需攻关，"从零到一"的突破任重道远。今天的"宋应星"又受到足够尊重吗？歌星、明星倍受追捧，科技人才却常遭冷遇，说到底，后者才是增强中国竞争力的核心支柱。

"海禁"中的郑和下西洋

15世纪末,欧洲开始进入大航海时代,也就是地理大发现时代。这是欧洲摆脱中世纪,走向近代的转折点。1488年迪亚士绕航好望角,1492年哥伦布"发现"美洲大陆。中国比欧洲早了大约一个世纪,就有了大航海的尝试。

永乐三年农历六月十五日(1405年7月11日),郑和率领近2.8万人,分乘208艘木制帆船,由太仓的刘家港出发,开始了长达28年之久的七下西洋壮举。所谓西洋,主要是指印度洋。他创造了世界航海史上的新纪录,到达了亚洲、非洲30多个国家和地区,航程之远、持续时间之久、船只规模之大,在当时世界上可以说是史无前例。郑和首次远航,比哥伦布首航美洲早了87年,比达伽马开辟东方新航路早了93年,比麦哲伦的环球航行早了116年。同时,郑和的宝船之大、航海技术之精良,在当时的世界上也是领先的。最大的宝船,排水量14000吨,载重量7000吨,而达伽马率领的葡萄牙船队,其中最大的"圣加布利尔"号载重量才120吨。

举世公认,郑和创造了世界航海史上的伟绩。英国历史学家汤因比在《人类与大地母亲》一书中说:"在15世纪葡萄牙航海家发明之前,明代宝船在世界上是无与伦比的,所到之处,当地的统治者都对之肃然起敬。如果坚持下去的话,中国人的力量能够使中国成为名副其实的全球闻名的'中央之国'。他们本应在葡萄牙人之前就占有霍尔木兹海峡,并绕过好望角;他们本应在西班牙人之前就发现并征服美洲。"但这些"本应"假想并未成为现实。当时的中国是世界上独一无二的大国,如果以航海实力计,发现新大陆、完成环球航行等等壮举,中国人确实是有资格实现的。但这只是就能力而言,却忽视了激发郑和下西洋与西方航海家远航的不同"驱动力"。达伽马、哥伦布的远航,都是受到当时西方早期崛起的海洋国家葡萄牙、西班牙等政府官方支持,其主要目的是为了开拓海洋航线,继而夺取殖民地,夺取黄金白银,作为资本的原始积累。

反观明朝,为何要派郑和下西洋呢?用明成祖朱棣的话来说,就是"宣教化于海外诸番国"。其在位期间,派遣郑和下西洋计6次。明成祖去世后,继位的明宣宗以"外番多不来朝贡",派遣郑和第7次也是最后一次远航,宣德五年(1430年)郑和船队启航,途经福建长乐,为了感谢天妃(即妈祖)护佑航海安全,特地立碑颂德,在碑文中郑和自述下西洋的目的为"宣德化而柔远人"。除了当事人的自述外,清朝人编写的《明史·郑和传》也记录道:"成祖疑惠帝亡海外,欲踪迹之;且欲耀兵异域,示中国富强。"这些都指向了郑和下西洋的目的是政治外交性的,以宣扬明朝国威、震慑海外诸国为主,秉持的是"厚往薄来"理念,并不像西欧国家那样受经济利益的驱动,以获利拓殖为主。

> 郑和宝船

这一点，在1904年梁启超写的《祖国大航海家郑和》一文中也有明确显现，他说西方人近代大航海"咸以母国人满，欲求新地以自殖"，郑和下西洋则为了"雄主之野心，欲博怀柔远人，万国来同等虚誉，聊以自娱耳"。永乐十八年（1420年），明朝宫廷宴请各国使节的宴会或许正是"自娱"的一个最好注脚，当时各国使节搭乘郑和宝船，前往中国朝觐明成祖朱棣，在下一次下西洋时，郑和再把这些使节送回各自国家，可谓是"包吃包住还报销路费"。在一次宫廷宴会上响起了这样的歌声："四夷率土归王命，都来仰大明。万邦千国皆归正，现帝廷，朝仁圣。天阶班列众公卿，齐声歌太平。"在这种欢欣鼓舞的歌声中，我们似乎可以看到明朝帝王大臣们享受"四方来朝，八方来贺"的自满自得。殊不知，下西洋行动"远播国威"，但耗费弥大、难以为继，至宣德八年（1433年）正式结束，此后官方政府再没有组织过如此声势浩大的远洋航海。

从表面上看，郑和船队每次出海，云帆蔽日，浩浩荡荡，但从实质上看，却是孤帆远影。它的后面没有，也不许跟随民间海商的船队。自明太祖朱元璋开始，即实行严厉的海禁政策，除政府与海外国家保持朝贡关系外，其他民间海上私人贸易一概禁止。朱元璋一再下令"禁濒海民私自出海""禁濒海民私通海外诸国"。明成祖朱棣虽支持郑和下西洋的壮举，但仍把"海禁"政策当作不可违背的祖训，吊诡的是，其官方理由乃自以为是的安全因素，"海道可以通外邦，故尝禁其往来"。嘉靖年间，明世宗朱厚熜照旧实行"海禁"政策，非但没能阻挡"里通外国"维护安全，反而间接激发出为患数十年的倭寇问题。

嘉靖二年（1523年），分裂的日本各地封建领主都想要与明朝通商，其中大内氏和细川氏两大集团在宁波发生了争贡事件，双方互相仇杀，还殃及宁波一带的居民，追击的明朝官兵多有死伤。这一事件为主张实行严厉"海禁"政策的官员提供了口实，直接导致明朝废除福建、浙江市舶司，仅留广东市舶司一处，也导致明朝与日本的贸易途径断绝。官方的合法贸易渠道被堵塞，为海上走私贸易提供了契机，滋生出"东南倭祸"。

当时日本对中国商品的需求量很大，包括生丝、棉布、丝绸、瓷器、药材等，如此巨大的市场和丰厚的利润，对商人的诱惑之大可想而知。于是，嘉靖年间东南沿海各路走私队伍庞大，既有商人也有海盗，甚至还有部分明朝地方官员与之暗通款曲，因此所谓倭寇不只是日本人，还有隐藏身份的中国人。万历年间的户部尚书谢杰评议说："倭夷之蠢蠢者，自昔鄙之曰奴，其为中国患，皆潮人、漳人、宁绍人主之也。"就是说，倭寇多为潮州、漳州、宁波绍兴等地的流民。他还认为，导致倭患的原因之一便是"海禁之过严"。例如，被称为"倭寇王"的王直，本来是徽州商人，长期从事对日贸易，后逃往日本萨摩的松浦津，建立一支庞大船队专门从事走私贸易和海盗活动。王直后接受明朝招抚，即上报一疏希望在浙江定海等港口开关，恢复日本的朝贡贸易，平倭总督胡宗宪表面应允，在王直投降后，却把他斩首示众。此后，倭患并未因王直的死而结束，反而愈演愈烈。直至嘉靖去世、穆宗继位，明朝才于隆庆元年（1567年），宣布在一定程度上取消"海禁"，开放了福建漳州的月港一处口岸，允许民间贸易，史称"隆庆开关"，为患数十年的倭寇问题也随之烟消云散。据《泉州府志》记载，隆庆二年（1568年），泉州附近发生了一次海盗袭击事件，此后的60年间，沿海地区再未受到海盗的大举侵扰。

第七章

　　需要特别指出的是,"隆庆开关"的基本出发点,如后来的福建巡抚许孚远承认的,不过是"于通之之中,寓禁之之法"。就是说,通过给予有现实需求的走私贸易一个合法窗口,更好地贯彻其他大部地区的"海禁"政策。无论如何,开放月港一地力度毕竟有限,全国其他港口仍保持关闭状态。终究明朝一代,闭关"海禁"是其政策主流,导致明朝事实上被海洋封闭起来,不能迅速获悉世界的发展变化。隔绝"里通外国",实际上造成更多更大的安全隐患。

　　回顾历史,16世纪实是世界形势的转折点。西方势力向东方扩张,那时的中国实力尚在,只可惜暮气已沉,昧于国外发展变化之剧,政府却无对外拓展之意。东西方相对实力,由此完全改变。可以说,对待海洋的不同态度和观念,一定程度上造成1500年之后的中西大分流,明朝的"片板不许入海",其结果却是西方的"猛艟巨舰蔽江而来",这也是近代中国一度有亡国灭种危机悲剧的起点。中国南方沿海边陲的澳门,则是见证这个起点的"第一块殖民地"。

澳门,西方殖民中国的先声

　　伴随西方大航海时代的到来,欧洲人漂洋过海,在东亚开展远洋贸易，有意无意地传播其科技、宗教、政治还有各种新观念。历史大变局的帷幕徐徐拉开，中国实际上已经被不自觉地卷入到西方主导的世界史进程，但是明朝政府还闭塞、沉浸在几千年来的传统文化中，没有认清大变局，更没有为大变局做好应对准备。

西方"叫门"以前，中国古代王朝的统治者所面对的始终是合法性问题，而不是主权问题。每个朝代的合法性都凭借战场上的胜利来确立，皇帝的统治权也通过其保护边疆和人民免受敌人侵犯得以确认。为此，历朝历代依靠各级官吏征集税收、招兵买马和训练军队。对外则建立起一套朝贡体系，用以发展常规贸易和处理关系。中国史学家王赓武评论，这一系统"顺畅运作，历时弥久，到明清时候，中国已经心满意足，以为再也不需要别的主权检验了"。

不料，新的更大的"检验"来了。葡萄牙、西班牙等西方早期崛起的国家，率先东进，冲击着明朝主导的地区秩序，在亚洲建立起一批最早的殖民据点。葡萄牙人在印度的果阿，西班牙人在菲律宾的吕宋，都依托远洋航船及贸易逐渐落脚。1493年罗马教廷曾发布敕令，将世界"一分为二"，东半球是葡萄牙的势力范围，西半球是西班牙的势力范围。因此，葡萄牙人尤其热衷在中国海岸寻找立足点。1548年，葡萄牙人在宁波附近的双屿建立基地，但被浙江巡抚朱纨发兵驱逐。1553年，葡萄牙人又从广东地方官员手中获取了澳门居住权，自此占据达400多年。

第七章

除了葡西两国，稍晚些时候到来的荷兰人也将触角伸到了中国。他们将贸易总部建立在印度尼西亚，1602年成立荷属东印度公司，以马来半岛、爪哇、香料群岛为基地，向中国和日本拓展，并染指台湾，1623年在台湾岛设立据点，逐渐蚕食妄图殖民，只是幸好后来被郑成功赶走。荷兰国际法学家格劳秀斯以"海洋自由论"为西方国家的海上冒险事业辩护，明代的地方官员则控诉其为"海盗行为"。

澳门是近代西方在中国稳定攫取的第一块殖民地，也由此开始成为沟通东西方经济的重要商埠，是晚明时期中国对外贸易的重要渠道，是中国在大航海时代与全球经济发生关系的中介。自16世纪80年代起，澳门进入"黄金时代"，一跃成为葡萄牙在印度、中国、日本等东亚各地开展商贸的中转枢纽。以澳门为中心的几条国际贸易航线第一次把中国商品运向全球各地，包括澳门—马六甲（马来西亚）—果阿（印度）—里斯本（葡萄牙）、澳门—长崎（日本）、澳门—马尼拉（菲律宾）—阿卡普尔科（墨西哥）等诸多航线。澳门的转口贸易，把中国卷入全球贸易网络之中，使中国首次面对全球经济的新格局。

随着中西贸易的开展，晚明时期的优质商品广受西方欢迎，中国始终处于贸易顺差之中，中国出口的商品大头是生丝，西欧诸国输入中国最多的则是白银，这被人们概括为"丝—银"对流，还有一些人将之戏称为商业上的"纳贡"。这些白银由墨西哥、秘鲁新发现的银矿生产,由葡萄牙、西班牙商人运往中国。其数量之庞大,以至当时的马德里商人说,葡萄牙人从里斯本运往果阿的白银几乎全部经由澳门进入了中国。据弗兰克所著名作《白银资本》一书研究,16世纪中期至17世纪中期的约100年间,美洲生产的白银3万吨,日本生产的白银8000吨,二者合计3.8万吨,最终流入中国的白银达7000吨—1万吨。如果换算成中国的"两",大约是2.24亿—3.2亿两。也就是说,在这100多年中,有3亿两白银货币流入中国,大体相当于明朝国库税银收入的总和。粗略估计,中国通过"丝—银"贸易获得了当时世界白银产量的1/4至1/3。这一数字基本被史学界接受。弗兰克因此得出结论,当时"全球经济秩序名副其实地以中国为中心"。

在东西方接触的过程中,中国也初识西方"船坚炮利"的威力。澳门不只是中国接受海外白银、商品的中转地,也是吸纳海外先进武器技术的窗口,但这个窗口小了些。

晚明时期,西方军事技术开始领先中国,但毕竟彼此差距有限,葡、西、荷等早期崛起列强的东来舰只,无论是规模和战力,都不能和工业革命后有进一步大发展的英法等新列强相提并论。在早期一些具体的战役战斗中,明军官兵尚能取胜。正德十二年(1517年)是有记载的中国与葡萄牙第一次正面交锋。这一年葡萄牙商船航行到广州港,鸣放大炮,其声如雷,自称是佛郎机国来进贡。当时的广东佥事顾应祥正在着手围剿海寇,葡萄牙人"献铳一个,并火药方"。顾应祥观摩演习后,承认是"海船中之利器"。但他认为这种火炮只能用于海战或守城,"持以征战则无用",没有意识到通过技术改进以做更大范围推广。到了1522年,5艘葡萄牙舰船再次来到广东珠江口,试图以武力迫使广东官员允许其占领屯门岛。葡船发炮攻击,明军用仿造的岸炮还击,葡船退走,转向广东新会西草湾,再度发动攻击,又被明军击败。明军俘虏和杀死葡萄牙人77名,俘获战舰2艘、大小火炮20多门。虽然胜利,但葡萄牙人先进的火炮及其杀伤力给明军留下深刻印象,此后明朝政府开始仿造佛郎机(即火炮)并批量制造。在这一时期,明朝往往是通过偶然事件,比如西人进贡、战争缴获及民间流传等方式获得样品,很少主动去获取西方火器技术,也就无法及时跟踪到西方武器的进步。

16—17世纪正是西方科学飞速发展的时期,产生了如伽利略、牛顿等一批闪耀巨星。借助伽利略的弹道抛物线理论和牛顿对空气阻力等的科学研究,西方工匠不断改进火枪和火炮技术,使其成为对外征服的利器。史学界公认,这一时期,西欧火器技术取得史无前例的巨大进步,西欧在武器上获得无可匹敌的优势地位,为其全球殖民扩张如虎添翼。

到了17世纪,明朝官军对西方火炮的威力更为惊恐。据沈德符《万历野获编》记述,万历二十九年(1601年),明朝官兵在近海水域遭遇一艘荷兰舰船,双方发生交火,明朝官兵"未晓其技能，辄以平日所持火器遥攻之"。荷兰人还击的炮火猛烈而精准，"第见青烟一缕，此即应手糜烂，无声迹可寻"。荷兰人"不折一镞，而官军死者已无算"，这着实令明朝官兵惊恐。沈德符指出，荷兰人具备如此的技术，已经将海战带往一个全新的境界。因荷兰人毛发通赤，被明朝人称为"红毛夷"，所以这种火炮又被叫作"红夷炮"，清朝因满人忌讳"蛮夷"字眼而改称"红衣炮"。沈德符的记述可谓是中西近代军事交锋的一次早期预演，只是经历了工业革命之后，19世纪卷土重来的欧洲诸国，与中国之间的技术代差更大了。在历史上，先进的军事技术对于任何一个国家都是关系生死存亡的大事。一旦国家之间、民族之间的军事技术差距拉开，遑论产生代差，那么落后就要挨打，甚至会大难临头、国破族亡。西方著名史家麦克尼尔在《1450—1800年的火药帝国时代》中说："武器和军事组织方面的任何巨变都会使一些民族比以前更容易实现目标，却也让其他民族面临前所未有的困难，由此影响政治与社会。火器技术正是这样一种引发巨变的力量。"

见识到西洋火炮的厉害，晚明一些官员（如徐光启等人）大力主张雇佣欧洲炮手，以改善明朝在北方边境的安全态势。徐光启是西方传教士利玛窦的门徒，改信天主教。自1619年起，徐光启就开始坚决提倡，以澳门为窗口，借助欧洲人优良的学问知识增强明朝军事实力，应对内忧外患，尤其是当时的主要安全威胁——东北崛起的后金。徐光启倡议，从澳门引进葡萄牙士兵，以其最新技术训练中国的炮手。经过反复折冲，徐光启获准带领 7 名葡萄牙炮手，于 1622 年北上到达北京。但不幸的是，隔年 1 门葡萄牙大炮在演示时爆炸，造成 1 名葡萄牙炮手死亡、3 名中国助手重伤，随后学习西人炮术的计划中止，炮手被遣送回澳门。6 年后，徐光启再次获得批准，允许第二组葡萄牙炮手来京演示以资明军。实际上，当时后金军队进逼北京，正在京郊地区徘徊。巧合的是，当葡萄牙炮队行进至距离北京 65 公里左右的涿州地界时，遭遇了一支后金军队。葡萄牙代表团撤入涿州城，将随行带来的 8 门大炮架在城墙上，猛轰来攻的后金军队，使其知难而退。这场小胜利足以说服朝廷中那些怀疑和阻挠的官员，徐光启也因此信心大增，进而向崇祯皇帝请求派人回澳门，招募更多的炮手并引进更多的大炮。

可是，历史没有留给明朝政府更多的时间，只是凭借徐光启的热心倡导和一支小众的炮兵部队，并不足以扭转辽东的军事危局，不足以平息各地的民变起义，毕竟单纯的火炮技术不足以赢得政治安定、民心支持乃至"万世基业"。有意思的是，明朝灭亡后，又有几个朱氏王爷相继在南方建立了反清政权，其中一位"永历皇帝"朱由榔，还向西方的教宗请求派遣十字军来中国作为反清援兵，不过等求救信送到梵蒂冈的时候，南明政权覆灭的命运已经降临了。

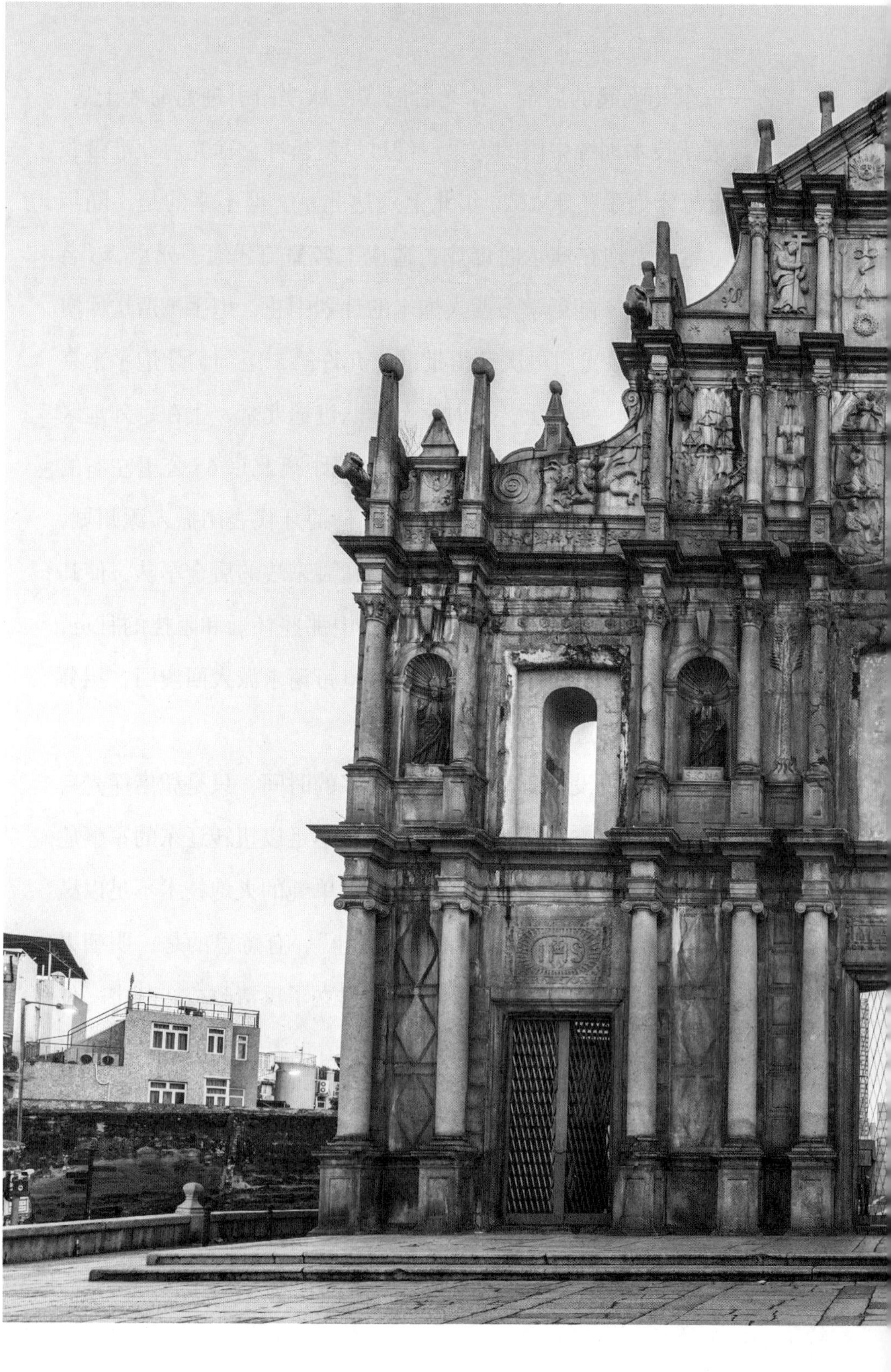

澳门大三巴牌坊

"国本之争",何为国本?

晚明万历年间,有关册立太子的"国本之争"甚嚣尘上。中国古代王朝,册立储君向来被视为国之大事,故有"太子者,国之根本"之论。

明神宗朱翊钧没有嫡子,在宫人王氏生庶长子朱常洛和宠妃郑氏生庶三子朱常洵之中,神宗偏爱朱常洵,奈何群臣反对。当时朝中大臣根据中国古代的嫡长子继承制原则,以及明朝皇帝以长子继位的祖制,坚决支持立长子朱常洛为皇太子,君臣双方展开反复拉锯。从万历十四年(1586年)内阁首辅申时行首次上疏立国本遭神宗搁置,一直到万历四十三年(1615年)福王朱常洵离开京师"就藩",朱常洛继位之势稳固,历时近30年的"国本之争"才基本结束。但可惜的是,历经艰辛获得的"国本之争"胜利,并没能保住江山的安全,不过30年,闯王李自成和东北的满清官兵相继杀入北京城,明朝寿终正寝。

明末清初的思想家顾炎武说:"有亡国,有亡天下。亡国与亡天下奚辨?曰:易姓改号,谓之亡国;仁义充塞,而至于率兽食人,人将相食,谓之亡天下。"按照今天的理解,"亡国"就是政权的更迭,"亡天下"则是风俗的朽败、人性的丧失以及文明的沦亡。从这个角度说,清取代明,看似中国古代封建王朝还在延续着旧有的轨道"轮替",明朝灭亡只是"亡国"而已。但从

第七章

中西文明大碰撞的角度看,晚明时期中西方的大分流,预示中华文明已处于颓势和下风,"亡天下"的祸患已然不远了。

明代中国所处的世界是一个大转折、大变迁的时代,国际环境与以往相比有本质不同。17世纪末期,西方列强已然跃起海上,蚕食中国周边,剑指沿海多地,被葡萄牙据为殖民地的澳门、被荷兰短暂据为殖民地的台湾,虽处在帝国统治的边缘地带,却是强烈的警示信号。面对历史大变局,明代的战略防御仍是大陆取向,其政权面临的核心威胁始终在陆上北方和西方。但随着欧洲国家的实力提升,海洋已不足以成为中国的安全屏障,古老的帝国忽视了来自新型帝国的有力挑战,明朝面对崭新的海上安全威胁,尽管这种安全威胁在当时只是一种萌芽,其广泛而深刻的恶果却要到清朝后期才最终显现。

西欧国家虽然领土不大,但其技术实力足以和中国拉开"代差",它们不像之前中原王朝面对的匈奴人、党项人、鲜卑人、蒙古人等安全威胁,这些威胁只是军事武力上的一时占优,在社会文明方面却落后于中原,因此即使少数民族武力征服了中原,往往也会被华夏文明所吸纳。西欧相比于明清时代的中国,其现代化造就的社会文明不仅不低,而且明显高于中国,对中国的安全威胁,也不只是军事武力上的占优,而是制度、思想等系统性的安全威胁,所以自秦朝统一中国以来绵延两千年而几无大威胁的文化安全层面,遭遇了前所未有的危机。欧洲殖民者拥有自己的文明优势，并企图用这种文明改造中国。

16—17世纪的中国，实际上是站在历史的十字路口。此后，中西方的发展道路出现了大分流，彼此背道而驰。正如美国的中国史学家史景迁所说："即使把这一时期看作'近代欧洲'诞生标志已成共识，却很难视之为近代中国的明确起点。当西方驰骋全球，拓展视野，在探索世界的领域中独领风骚时，明朝统治者不仅禁止海外探险，丧失了认识世界的机会，而且自拆台脚，不到50年就将自己的王朝断送了。"

就在明朝灭亡、清朝建立的那几年，欧洲国家正在经历一场划时代战争的尾声：1618—1648年三十年战争，这场旷日持久的大战，为现代世界政治的发展指定了方向。最终，《威斯特伐利亚和约》的签署，建立了支撑今日国际秩序的主权国家基础，使国家成为世界体系的基本"玩家"，承认每个国家都享有不可侵犯的主权，自此没有国家再是某个君主的私人领地，而是公有的政治实体。这一风习也随着西方的扩张流传全球，直至后世，一切样式的政治组织，无论是民族部落、殖民地，还是附属国、帝国等，终将接受主权国家的行为方式和权力建构。"老大的中央帝国"也将经历艰难转型，寻求主权安全的身份定义，并将此作为新的"立国之本"。

第七章

参 考 文 献

1. 梁家勉:《徐光启年谱》，上海古籍出版社1981年版。
2. 钱 穆:《中国历代政治得失》，生活·读书·新知北京三联书店，2012年版。
3. 樊树志:《国史十六讲》，三联书店（香港）有限公司2006年版。
4. 樊树志:《晚明大变局》，中华书局2015年版。
5. 黄仁宇:《万历十五年》，中华书局2006年版。
6. 李伯重:《火枪与账簿：早期经济全球化时代的中国与东亚世界》，台北联经出版公司2019年版。
7. 王赓武著，黄涛译:《更新中国：国家与新全球史》，商务印书馆2016年版。
8. 许倬云:《历史大脉络》，广西师范大学出版社2009年版。
9. 韩毓海:《五百年来谁著史》，九州出版社2009年版。
10. [美]彭慕兰著，史建云译:《大分流：欧洲、中国及现代世界经济的发展》，江苏人民出版社2003年版。
11. [英]阿诺德·汤因比著，郭小凌、王皖强译:《历史研究》，上海世纪出版集团2005年版。
12. [加]卜正民著，廖彦博译:《挣扎的帝国：气候、经济、社会与探源南海的元明史》，台北市麦田出版社2016年版。

第八章

千年变局下的清王朝

第八章

　　清朝是中国历史上一个极为特殊的朝代。它延续着中国的封建社会，也开启了中国现代化的序幕。处于历史交汇点的大清帝国一度沉迷于朝贡体系之中，但遥远的西方国家已经步入了新时代。18世纪后半期，英国开始了工业革命，随后法国、美国、德国等资本主义国家也相继走上了工业革命道路。随着资本主义世界的确立和世界市场的形成，西方国家开始了对外商品和资本输出。中西之间的碰撞浮上台面。同治十一年（1872年）五月，李鸿章在《复议制造轮船未可裁撤折》中称："臣窃惟欧洲诸国，百十年来，由印度而南洋，由南洋而中国，闯入边界腹地，凡前史所未载，亘古所未通，无不款关而求互市。我皇上如天之度，概与立约通商，以牢笼之，合地球东西南朔九万里之遥，胥聚于中国，此三千余年一大变局也。"

　　面对三千年未有之变局，以天朝上国著称的清帝国故步自封、傲慢自大、拒绝革新开放,最终被西方国家以坚船利炮敲开了国门。清帝国的衰亡不仅关乎王朝的更迭,而且涉及国家安全和民族的生死存亡。

第八章

两个世界的碰撞

清帝国 1644 年定都北京后,历经顺治、康熙、雍正、乾隆,进入难得的盛世。自明朝起确立的朝贡体系在大清帝国得以进一步巩固。在朝贡体系中,中国占据主导地位,被赋予维持正当秩序的职责。周边的琉球、朝鲜、安南、暹罗、缅甸、老挝、爪哇、真腊等小国成为中国的藩属国。中国皇帝被视为天下之主,地位无比优越,安如磐石不可侵犯。德国学者弗兰克在《白银资本:重视经济全球化中的东方》一书中曾如此评价当时的中国:全球经济可能有若干个中心,但在整个体系中,只有中国这个中心支配着其他中心。

正是在此背景下,有一支英国人的船队从遥远的西方漂洋过海悄然向中国驶来。谁也不曾想到,正是这支船队的到来,激起了中西文明的碰撞。1792 年 9 月,被任命为"大不列颠国王特命全权派驻中国皇帝大使"的马戛尔尼勋爵率领 84 名船员,乘坐"狮子号"军舰、"豺狼号"双桅船和东印度公司的"印度斯坦号"蒸汽船,以庆贺乾隆皇帝八十华诞的名义来访中国。此时,正在承德避暑山庄躲清凉的乾隆皇帝得知英国人前来为自己祝寿，喜出望外，指示下属要以适当的礼遇接待，并拨专款接待英国人。

然而，当马戛尔尼抵达北京后，如何觐见皇帝成为一个麻烦事。按照大清帝国的规矩，马戛尔尼应遵循天朝法度，履行三跪九叩之礼。然而，身为英国外交使节的马戛尔尼不愿行磕头之礼，只愿像觐见英王陛下一样履行西式礼仪。后来几经争执，马戛尔尼最终同意单膝跪拜（此说法亦有争议），向乾隆皇帝呈上了国书。此后，英国使团向清帝国提出在中国占地通商的贸易请求却遭到严词拒绝。乾隆皇帝大为恼怒，认为"西洋诸国甚多，非至尔一国。岂能因尔国王一人之请，以致更张天朝百余年法度？"在乾隆皇帝看来，大清王朝地大物博，无所不有。天朝所产的茶叶、瓷器、丝巾为西洋各国必需之物，无须与外国互通有无。西洋人到此，应被视同为琉球人、高丽人。若他们不愿意来也不勉强，但如果要来，必尊大清国为上国，并以藩属自居。

马戛尔尼兴致勃勃而来，没想到被大清帝国皇帝断然拒绝了通商请求。英国人耗资7.85万英镑的外交使命就如此灰头土脸地失败而归。这实际上是中西方文明的冲突，且这次冲突意味深长、影响深远。欧洲国家自17世纪中期就确立了威斯特伐利亚体系，确认了国家主权和国家平等原则。在西方人眼中，国家为最高权威，在法律面前都是平等的。外交使节代表国家和君主，在国家间政治经济交往中发挥重要作用，被赋予了崇高的地位，

第八章

神圣不可侵犯。英国人派使节出访清廷，意在与中国开展贸易。然而，按照大清帝国的朝贡体系，英国是当然的藩属国，应该向宗主国觐见、纳贡。乾隆皇帝根本不关心贸易，他关心的只是自己作为天朝皇帝的至尊地位。马戛尔尼向他送上的模拟地球、月亮、太阳运行的天体仪、天文望远镜和大型战舰模型等高科技物品完全未受到重视。大清帝国丝毫没有察觉到西方世界正在发生巨变，或者说大清帝国对西方世界的巨变完全不以为然。对此，法国学者佩雷菲特在《停滞的帝国：两个世界的撞击》中曾这样评论："正当人类冒险在世界范围内展开之时，中国人却带着自以为优越的感情把自己封锁起来了。"

中国学者也做出了相似的评价：大清帝国的闭关锁国政策在一定程度上阻止了西方殖民者入侵中国的进程，但也阻碍了资本主义生产方式的发展和中西文化的交流，让清政府脱离了世界潮流，与世界近代化潮流相隔绝，最终陷入落后挨打的被动局面。落后就要挨打，这是中国人民从历史发展中得出的教训。正是这种闭关自守、盲目乐观、故步自封的态度，最终导致朝贡体系的瓦解和清帝国的衰落。

相比之下，经历了工业革命的英国人清楚地看到了清帝国的这种落后和无知。当英国使团抵达天津时，马戛尔尼吃惊地看到迎接英国使团的清军竟是弓箭手、火绳枪和大刀手。一些士兵手里除武器外，还拿着扇子。天气炎热，士兵竟操练蒲扇而非火枪。而清军将领福安在检阅英国使团的卫队时,看见英国人在操练的新式武器,竟不以为意地感叹:"看亦可,不看亦可。这火器操作,没什么可稀奇的。"清廷如此傲慢自大的态度令英国人惊诧不已。马戛尔尼断言,"清帝国假装对任何新的或外国的东西都不屑一顾,对新的发明创造毫无兴趣。清朝只不过是一个泥足的巨人,只要轻轻一碰就可以把它打倒在地。中国社会已经被卡住,无法前进,它的繁荣已经结束。"实际上,1794年马戛尔尼在觐见乾隆皇帝时,就说过一段意味深长的话:"中华帝国是一艘陈旧而古怪的一流战舰,凭借其庞大的外观使四邻畏惧。在过去一百五十年中,能干的官员设法使它漂浮着。但当掌舵人才不敷用时,这艘战舰便失去了纪律与安全,会像残舸一样漂流旬日后在海岸上粉身碎骨,并且无法在其破旧的基础上重建起来。"

面对西方文明的碰撞和西方世界的变化,繁盛的大清帝国视而不见,并且故步自封、自以为是,这最终导致其在"三千年未有之变局"中逐渐被西方超越,国家的发展和安全也随之受到极大挑战。事实的发展表明,一个国家在面对外部势力和国际形势变局时,要开放包容、积极应对,要统筹外部安全与内部安全,以维护国家的长治久安。

第八章

落后就会挨打

军队建设是国家安全防卫的重要保障。然而，作为天朝上国的大清帝国，军队人数一度名列世界前茅，但其军队装备落后、管理无方、纪律松弛，毫无战斗力可言。如此脆弱不堪的军队在面对西方列强的进攻时，一败再败、溃不成军，最终将领土和主权拱手交给了西方殖民者。

1840年，英国海军上将懿律带领英国船队敲开中国大门，中英鸦片战争拉开序幕。此时的英国已经是世界头号强国，其军队共由16艘军舰、4艘蒸汽战船、1艘运兵船和4000名士兵组成，配有540门火炮，实力不可谓不强。然而，当西方人带着坚船利炮冲击中国大门的时候，闭关自守的大清帝国"文武官员并不谙夷情，震于英吉利之名，而实不知其来历"。

钦差大臣、虎门销烟的功臣林则徐对英国人的到来也毫无防备，对西方的国情乃至武器装备一无所知，态度滑稽可笑。他在《通谕各国夷商人稿》中说，中国内地的茶叶、大黄二项，是你们外国必需之物，关系到你们的生死问题，你们不知道吗？如果中国的茶叶、大黄概不出口，就能立刻将诸国夷人置于死地。一旦天朝震怒，杜绝鸦片入境，严禁茶叶、大黄出口，你们不能不认真考虑这一后果的严重性。他充满自信地在给道光帝所上的奏折中写道，英国要进攻中国，无非乘船而来，要是英人敢闯入内河，一旦潮退水浅，船胶膨裂，或因粮食、军火供给不足，他们就会像躺在干河上的鱼，白来送死。若登陆上岸，因军服紧裹、腰腿活动不便，英兵跌倒后很难爬起，会像待宰的羔羊一样被轻易杀掉。加之，英国女王在位时短，政权遭到觊觎，无暇顾及远东事务。不仅林则徐有如此认识，清朝的一位御史也指出，只要击中英军的脚就能致其死命，而同样作为钦差大臣的耆英则称这些夷人在夜里视力很差。

然而，等到大清帝国与英国军队在战场上针锋相对时，清军大将杨芳终于发现"夷炮恒中我，而我不能中夷"，体会到了洋人炮火的威力。然而，杨芳却对英军火力做出了不可思议的解释："我居实地，而夷在风波摇荡中，主客异形，安能操券若此？必有邪教善术者伏其内。"于是，杨芳传令收集附近的"妇女溺器"，装在木筏之上，并叫人购买马桶御炮、纸扎草人，建道场、祷鬼神，迎战英军。清帝国无知地藐视英国人进攻的代价无疑是惨重的。英国人敲开了中国大门，与清政府签署了《南京条约》，让清帝国深切体会到丧权辱国的悲痛。不过更可悲的是，除了林则徐、魏源等少数人之外，清廷上下的大多数官员并未从鸦片战争的惨败中醒悟，依旧自欺欺人。他们根本没有意识到清帝国军事的落后是何等可笑。

实际上，清朝前期，清帝国的军事力量是相当强大的。清帝国自太祖努尔哈赤起就重视军队建设，八旗军一度是清朝军队主力。皇太极时期,八旗制度进一步发展,又增加了蒙古八旗和汉军八旗。不可否认,八旗制度在推翻明朝统治,建立大清王朝时期发挥了不可替代的作用。清军入关后,八旗的步兵营达到2万余人,成为守卫都城的生力军。除驻守京城的八旗军外,八旗军还有一部分被派到全国各战略要地驻防,八旗的驻防军兵力不多,总共约10万人。其中,盛京作为清朝的"龙兴之地",驻防兵力最多,最高峰时达到1.7万人。驻防将军为驻防当地八旗军的最高长官,官阶为从一品。除八旗军外,清帝国还建立了一支全部由汉人组成的绿营军。绿营军以镇为最高战略单位(相当于现在的师),一个镇的兵力在1万人左右。根据《大清五朝会典》的记载,清朝乾隆年间全国绿营共66镇,总兵力将近65万人。绿营的最高长官是提督,统领一省绿营兵,官阶为从一品。绿营军与八旗军成为清帝国防卫的中坚力量。

不过,在康熙主政后期,八旗军逐渐转变为世袭特权的寄生集团,"不习劳苦、不受约束,征剿不得力",纪律涣散,战斗力极差,已无力镇压三藩之乱(1673年—1681年),失去当年打击明王朝的霸气威风。绿营兵则长期疏于操练,各级军官"往往浮冒克扣,中饱私囊,甚至任意取携,毫无顾忌,致令行间士卒,不免饥寒"。在镇压白莲教起义时(1796年—1804年),绿营兵也失去了斗志。并且,八旗军或绿营兵大多吸食鸦片,士兵作战不是雇人代充,就是临阵逃脱。嘉庆皇帝到河南巡查时,发现士兵衣着褴褛，弱不能战；有的士兵训练时居然"箭箭虚发，驰马人坠地"。到1834年，当英国军舰入侵虎门时，道光帝发现，虎门等地的炮台形同虚设，连两艘英国的舰船都不能击退，无奈感叹"可笑可恨，无怪外夷轻视也"。英国学者杰克·比钦评价虎门炮台上的大炮更像是烟花。

正是在此背景下，朝廷不得不启用地方团练。曾国藩的湘军、李鸿章的淮军得以兴起。湘军在此后镇压太平天国运动中发挥了重要作用。在湘军兴起前，清朝军队都是战时临时抽调组成的，各部携带的火器也不一样。同时，由于远程运输困难，因而军队常常缺乏重火器。曾国藩的湘军虽然一定程度上解决了武器运输的问题，但武器配置依然是轻重火器与冷兵器共存。李鸿章的淮军起初的装备也较为落后，后来经过改造，建立洋枪和洋炮队，并有了12磅重的开花炮。淮军也因此成为中国第一支较为系统接受西方先进武器装备和训练的军队。

然而，湘军和淮军的异军突起并未从根本上改变清帝国军事衰落的趋势。到了19世纪中叶，清廷日渐衰落，朝廷放松了军事制度上的中央集权，由各省督府自行招兵买马，兵饷也由各省督府自筹自支。因此，当时招募组建的勇军和练军，都带有深厚的地方势力色彩。为了筹饷，朝廷又允许军队经商，军队的面貌从本质上发生变化，腐败开始侵蚀原本就非常脆弱的军队战斗力。在长期和平的环境下，军队又滋生各种不良风气，将士逐渐

第八章

失去了实际作战能力。更为可笑的是，清军对使用先进武器毫无兴致。1860年，英法联军闯入圆明园时，在一间马房发现了两门12磅的英国榴弹炮和数箱弹药，这是马戛尔尼代英王乔治三世赠送给乾隆皇帝的礼物，却原封不动地被收藏在此。如此愚昧落后的观念和涣散的军队最终导致大清帝国惨败。

1894年，甲午战争开始。中国的硬实力并不落后于日本。从军事力量看，中国陆军总数100余万人，日本有效兵力仅为35万人。中国的海军实力位列世界第八，而日本海军排名仅为第十一。正当大多数人都以为日军无一战有十足胜算时，清军却无一战不一触即溃。炮声一响，官兵惊慌失措，如惊弓之鸟，魂飞魄散，甚至屡屡出现未战先逃的事件。比如，在平壤会战中，清军大部队尚未正式突围，已有清兵两人一组、三人一伙从城内溜出，私自逃亡。逃跑速度之快，丢弃武器粮草辎重之多，堪称近代战争史上一大奇观。在黄海海战中，丁汝昌率领的北洋舰队参战舰有10艘、总排水量3.1万余吨，日军仅用5小时就击沉了致远、经远、超勇、扬威、广甲、定远号6艘战舰。在次年的威海卫战斗中，北洋舰队再遭日军猛烈攻击，丁汝昌自杀，11艘战舰被日本缴获。北洋水师共7名管带殉国，近3000名官兵血洒海疆。更令人不解的是，当北洋水师独立抗击日本海军时，南洋水师居然保持中立，致使北洋水师全军覆没。实际上，早在1884年中法战争期间，北洋水师和南洋水师就曾拒绝前去救援受敌人攻击的福建水师。

甲午战争的失败对清帝国来说是惨痛的。甲午之败，并非海军之败，也非陆军之败，而是国家之败。军备建设松弛，官兵毫无斗志，战斗自然必败，国家安全又何从谈起？岳飞曾云："文官不爱钱，武官不怕死，则天下太平矣！"但这一切在大清帝国的官民身上不见踪影。反观日本，自明治维新之后，日本实现了政治、经济、文化的全面改革，建立新政，充实国力，并汲取西方文化精髓，摒弃不合时宜思维，提出"开拓万里波涛"口号，走上资本主义发展道路。

甲午战争后，帝国主义加紧了对中国的侵略和扩张。1900年，八国联军入侵中国时，多达20万的清兵和义和团被仅有1.9万人的八国联军打得溃不成军。为躲避入侵北京的八国联军，慈禧太后竟携光绪皇帝仓皇逃往西安，驻守的官兵见皇帝逃跑也四处逃离，八国联军进攻没有遇到任何阻碍。且在八国联军攻占天津时，当地民船组成的运输船队通过白河为八国联军运送物资，独轮车队也帮助联军把粮草送进城。更让人惊讶的是，当联军上岸时，京城百姓居然在河边围观看热闹，无人抵抗。八国联军最终火烧圆明园，清政府被迫签署丧权辱国的《辛丑条约》。清政府在《辛丑条约》中，按西方列强的要求设立了外务部，被迫接受了西方的国际关系原则。自此，中国被卷入世界殖民体系，清帝国全面走向衰落。

第八章

与八国联军交战之后，清政府组建了新军。1901年，清政府借鉴日本军队经验组建北洋军，北洋六镇总计7万多人。然而，此时的清廷缺乏统一领导，执政者将集团利益凌驾于国家利益之上，军队内部派系林立，军事改革困难重重。当清廷政府希望将军队的指挥权统一于中央时，各省巡抚拒绝合作。实力派总督张之洞、袁世凯等人还不断增加自身军事力量。清廷虽然最终剥夺了他们的兵权，然而当辛亥革命爆发时，清廷指挥的军队已无心作战且屡屡战败，最终只能向袁世凯求助。正是这个袁世凯将末代皇帝溥仪请下了皇帝宝座。至此，统治中国260多年的大清帝国宣告灭亡，2000多年的封建制度画上了句号。

技不如人必将受制于人。大清帝国未能组织一支强大的军队抵御外国势力入侵，最终导致帝国衰落和政权崩塌。历史的发展证明，没有一个巩固的国防，没有一支强大的军队，国家的和平与发展就没有保障。重视传统安全建设，建立强大的国防力量，不断提升军事技术和军事实力，防范外部势力干涉，是维护国家独立、自主、安全和尊严的重要保障，这恐怕是大清帝国留给后人的重要启示。

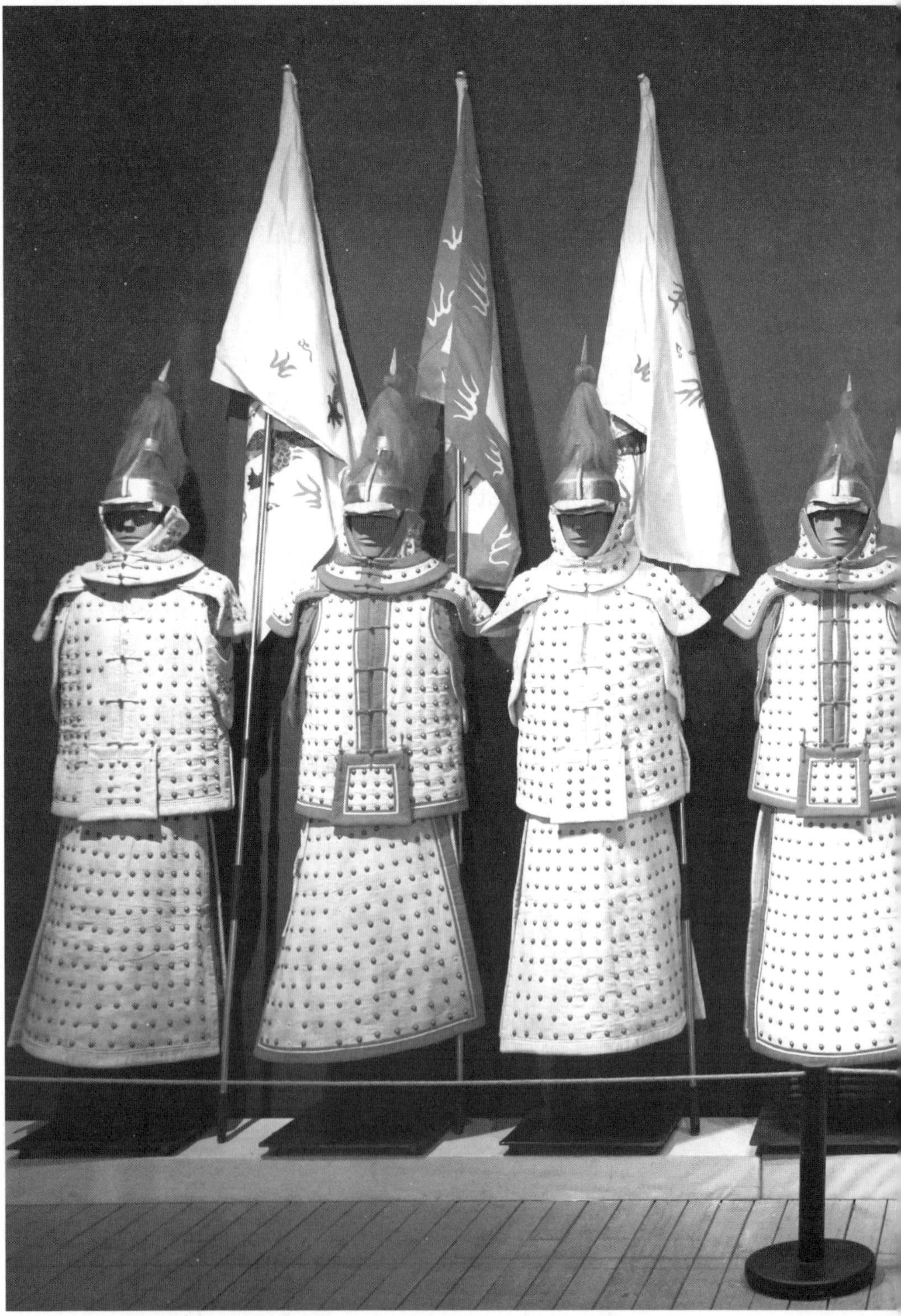

第八章

< 满族八旗服饰

GDP世界老大的陨落

经济安全是国家安全的基础。在作为天朝上国的大清王朝前期，经济蓬勃发展、国力日益强盛、人口稳定增长、疆土不断扩大，八旗得到善治、绿营全部听命，国家一派宁静祥和、欣欣向荣的景象。康熙在位时，除自然灾害外，30年免征漕粮、50年免征全国钱粮各一次，减轻了农民负担，并编纂了《古今图书集成》，完成《皇舆全览图》测绘。雍正、乾隆在位时，进一步整顿吏治，加强中央集权，调整民族关系，注重解决经济民生问题，编纂《四库全书》。在康乾盛世治下，清帝国人口从康熙末年的1亿人，增加至乾隆六年的1.4亿，27年突破2亿，55年突破3亿。国家财政收入增加，康熙、雍正时期，岁入一般3000多万两，国库存银也近似岁入，到乾隆时期，岁入已经增加至4000多万两，乾隆中期，国库存银达到六七千万两，相当于当时全国一年半的收入。乾隆时期，政府每年盈余八九百万两。有史学家曾评论道："秦汉以来，没有哪一个朝代的哪一位皇帝的国库存银有乾隆年间的存银多。"与此同时，农业、手工业、工商业蓬勃发展。粮食产量大幅提高、经济作物迅速发展，出现多种经济作物的产区。商品贸易流通扩大，民间贸易兴盛，中小商业城镇兴起。乾隆年间，松江府嘉定县的城镇从明代时的7个发展为19个，上海县则从明代的18个市镇增加至35个。

第八章

鼎盛时期的清朝经济总量一度位居世界第一。英国著名经济学家麦迪森在其著作《世界经济二百年回顾》中曾指出，1820年，中国的 GDP 总量占世界的 28.7%，比排名第二至第四位的印度、法国和英国的总和 26.6% 还要多。直到 1895 年，中国向日本割让台湾，中国世界第一的 GDP 排名才被美国所取代。而依据保罗·肯尼迪引用的贝罗克的数据，1800 年，中国的制造业产量占全球的 33.3%，远高于欧洲（23.3%）、印度（19.7%）、英国（4.3%）和日本（3.5%）。1860 年，清朝在经历了两次鸦片战争后，制造业产量仍然占全球的 19.7%，仅低于英国的 19.9%。而清朝的人口也是世界最多的。1800 年，清朝的人口达到 3 亿，1850 年增加至 4.3 亿，超过世界总人口的 1/3，当时号称"日不落帝国"的英国本土才 900 万人，加上殖民地人口也不过 3 亿人，刚刚建国没多久的美国也只有 1500 万人。

然而，到了乾隆执政后期，清帝国的衰落已经凸显。乾隆帝好大喜功，连年用兵、六次南巡，开支巨大。与此同时，乾隆重用了后来一直在朝廷叱咤风云的大贪官和珅。此人官至御前侍卫，后来被提升为户部侍郎，之后又晋升为军机大臣和内务府大臣，年仅 27 岁就被授予在紫禁城内骑马的特权。然而，和珅凭借手中的职权大肆收受贿赂，侵吞钱财，导致朝廷上下官僚腐败气息弥漫。和珅被抄家时，财产总计达到 8 亿两，相当于 15 亿美元，比国家 20 年的实际总收入的一半还多，金银元宝 2000

个、黄金 580 万两、生沙金 200 万两、元宝银 940 万两。此后，鸦片贸易导致清廷大量白银外流。到道光二十一年（1841 年），清廷的国库就已亏损 900 万两白银。仅 1848 年，就有 1000 万两白银流出，加速了经济恶化。

到光绪皇帝时，随着西方殖民者的入侵，清政府赔款增加，财政负担日益加重，经济安全根基遭受冲击。1874 年日本侵略台湾，1879 年吞并琉球群岛，1871—1881 年俄国强占新疆伊犁，1884—1885 年的中法战争，以及此后日本进攻朝鲜和甲午战争，清政府均耗费巨额军费，并大量赔款。其中，中法战争赔款 3000 万两，甲午战争花费 6000 万两，对日赔款 2.3 亿两，庚子赔款更是高达 4.5 亿两，加上其中 39 年每年 4% 的利息计算，赔款总额高达 9.8 亿两。1899 年，清政府每年开支高达 1.01 亿两，而当年政府的总收入仅有 8840 万两，对外赔款是政府赤字的主要原因。据学者统计，从 1874 年至 1911 年清政府垮台，清政府共借款 1.714 亿英镑，到 1911 年政府倒台时，仅归还了 3230 万英镑。而自 1885 年以后，清政府的对外贸易陷入逆差困境，其中，1905 年贸易逆差达 2.19 亿两，给政府造成严重财政负担。

财政亏空的后果自然是严重的，它不仅加剧了民众负担，也给军队建设和国家安全带来冲击。甲午战争前，英国顾问曾建议中国购买 2 艘舰艇，但由于资金缺乏，中国未予重视。最终日方

第八章

林则徐虎门销烟

购买了这 2 艘舰艇，其中一艘 "吉野" 号在甲午海战中功绩显著。大清帝国引以为豪的北洋水师由于经费不足，从 1888 年便停止购进军舰，1891 年停止拨付海军器械弹药经费。1889—1890 年，北洋水师的预算仅为 130 万两，只能维持日常开支，无钱更新舰艇武器。大清帝国就是在这样一种军备松弛、财力窘迫的情况下，最终输掉命运攸关的甲午战争。

由于西方列强的侵入，外国资本逐渐控制了重要的经济部门，中国经济沦为半殖民地性质。数据显示，1897 年在华 636 家外国商业公司中，有 374 家为英国公司。1902 年外国在华投资达 7.88 亿美元。中国 84% 的航运业、34% 的棉纺业、93% 的

千年变局下的清王朝 223

铁路以及100%的钢铁生产都处于外国控制之下。经济命脉被外国资本控制，农业经济又摇摇欲坠，这对庞大的大清帝国来说无疑是雪上加霜。虽然经济困难没有成为"压倒骆驼的最后一根稻草"，但是大清帝国从GDP世界第一的位置上跌落，注定了其最终衰败的命运。

毋庸置疑，没有经济安全做基础，国家安全和社会发展就没有保障。大清帝国虽然看到了外敌入侵的威胁，但无足够的财力装备一支强大的军队，因此面对西方列强心有余而力不足，只能疲于应付。一个国家如果财政亏空、经济命脉受制于人，那么国家安全将无从谈起。

不彻底的改革

闭关自守的清帝国在资本主义的侵略和太平天国起义的打击下走到了摇摇欲坠的边缘。面临生死存亡的清帝国究竟何去何从？这成了关乎国家安危的重大历史问题。一些有识之士主张学习西方先进技术，提出"师夷长技以制夷"的自强运动。还有一些新生改革力量，主张改良政治制度，掀起变法图强浪潮。毋庸置疑，这是故步自封的清帝国对闭关锁国政策的一次有意义的调整和尝试，但仅靠学习西方技术就真的能救国吗？

第八章

实际上，早在鸦片战争前后，中国就涌现出一批主张向西方学习的积极分子，魏源、林则徐、龚自珍就是中国近代历史上放眼看世界的主要人物。1836年，林则徐组织翻译了英国人的《世界地理大全》（《四洲志》），全面介绍世界自然地理和社会历史状况。1842年，魏源在其《海国图志》的《原叙》中提出"以夷攻夷，以夷款夷，师夷长技以制夷"的著名论断，主张要学习西方资本主义各国在军事技术上的长处，包括战舰、火器和养兵练兵之法，以此来抵抗侵略、克敌制胜。这成为后来洋务运动的核心思想。

咸丰、同治年间，清政府在中央以奕䜣为首，在地方以曾国藩、李鸿章、左宗棠、张之洞等人为代表的一批官僚，主张引进西方科学技术、兴办军事和民用工业，维持清政府统治，这就是著名的洋务运动。

1861年辛酉政变后，慈禧重用洋务派，成立总理衙门，掌管外交和通商，兼管开办工厂。洋务运动提出"自强""求富"口号，主张采用西方先进生产技术，创办了一批近代军事工业和民办企业。如安庆军械所、江南机器制造总局、金陵制造局、福州船政局、天津机器局、轮船招商局、开平矿务局、电报总局等。在短短几年中，中国就已经具备了铸铁、炼钢、机械制造的能力，生产了大炮、枪械、弹药、水雷和蒸汽轮船等新式武器，并开办了天津北洋水师学堂、广州鱼雷学堂、威海水师学堂、南洋水师学堂等一批军事学校，为国防事业作出重要贡献。此外，洋务派还积极创办新式学校，选送留学生出国深造，培养翻译、军事和科技人才。1862年在北京设立的京师同文馆，就是中国最早的官办新式学校。同文馆中开设了英语、俄语、德语、日语等课程，并从英国、法国和美国分别聘请了外教。从同文馆毕业的学生一般都会到朝廷中任职，从事翻译、外交等洋务工作。

然而，洋务运动只引入了西方先进生产技术，并未触及当时腐朽的封建制度和生产关系。这种行为本身就是非常矛盾的，导致了洋务运动无论如何都不可能在这种矛盾的局面中取得胜利。另外，当时朝中顽固派也给洋务运动的顺利开展制造了相当大阻力。顽固派主张从政治伦理强化国势，认为"窃闻立国之道，尚礼仪不尚权谋；根本之图，在人心不在技艺"。从这个意义上来说，洋务运动的失败是一种必然结局。对此，柏杨先生曾打过一个形象比喻，大清朝就像一个被晚期癌症击败的老拳师，在观察强大对手的优点时，不归功于对手强壮如牛，反而归功于对手有一副漂亮的拳击手套，认为自己只要也有这么一副漂亮的拳击手套，就可发出同等威力。

洋务运动之后，康有为、梁启超等人掀起维新变法。变法也屡遭反对派阻挠，康有为六次上书，才最终得到光绪帝认可。1898年6月，光绪帝颁布《明定国是诏》，宣布了政治、军事、经济、文化上的新政，并与康有为促膝长谈，任命康有为为总理衙门章京上行走。戊戌变法本应成为一次弃旧图新、救国图强的运动，然而却被掌握军政实权的慈禧太后镇压下去。慈禧反对变法，不但囚禁了光绪帝，还杀害了"戊戌六君子"。后来在八国联军入侵北京后，慈禧太后在各方压力下不得不颁布新政，实施改革，为自己的政权做最后挣扎。慈禧新政打开了清帝国紧闭的资本主义经济发展的大门，促进了资本主义经济发展，但此时的改革加剧了社会分化，最终被辛亥革命打断。

洋务运动和维新变法的失败固然有诸多原因，但统治阶级拒绝变革、阻碍发展进步恐怕是根本原因，也是大清帝国在面对"三千年未有之变局"时，未能力挽狂澜，最终走向衰败的重要原因。正如学者李治亭所言，"清统治集团不积极图变，屡屡失信于天下，且不知悔改，不能不是清亡国的一大内因"。

1895年，在《马关条约》谈判前，李鸿章与日本的总理大臣伊藤博文有一段意味深长的对话，揭露了清帝国落后挨打的本质。李鸿章说："作为一衣带水的邻邦，中日怎么就成敌人了呢？两国应建立永久和平，不让黄种人受白种人侵略。"伊藤博文答复说："十年前，我曾给中堂大人忠告，贵国需要改革，否则我国会赶超上来，但到现在贵国却没有一点变化。"李鸿章道："我并非不想改革，但朝野人心不齐，无能为力。如果我们换位，结果如何？"伊藤博文坦言："如果你是我，在日本一定会干得比我强；如果我是你，在中国不一定干得比你好。"

伊藤博文和李鸿章的对话，从侧面反映出中日对待西方文明态度的差异。清王朝的不彻底改革，最终导致中国错过由弱变强的宝贵窗口期，拖长了中国半殖民地半封建的过程，国家安全也受到了前所未有的挑战。

第八章

参 考 文 献

1. ［美］保罗·肯尼迪:《大国的兴衰》，国际文化出版公司 2005 年版。
2. 徐中约:《中国近代史：1600—2000 中国的奋斗》，世界图书出版公司 2013 年版。
3. 常建华:《清朝大历史》，中华书局 2020 年版。
4. 戴鞍钢:《晚清史》，复旦大学出版社 2020 年版。
5. 费正清:《剑桥中国晚清史 1800—1911（上、下）》，中国社会科学出版社 1985 年版。
6. 王式智:《中国历代兴亡书评》，台湾黎明文化事业公司 1975 年版。
7. 宗承灏:《晚晴军政启示录》，现代出版社 2019 年版。
8. 施建中主编:《中国古代史（下册）》，北京师范大学出版社 2001 年版。

9

后语

鉴往知来
增进安全

后语

以史为鉴，可知兴替。中国历史，上下五千年，一脉相承，史实浩瀚，史议丰富，举世无双。熟读史书的毛泽东同志指出，"一部二十四史大半是假的，所谓实录之类也大半是假的。但是，如果因为大半是假的就不读了，那就是形而上学。不读，靠什么来了解历史呢？反过来，一切信以为真，书上的每句话，都被当作信条，那就是历史唯心论了。正确的态度是用马克思主义的立场、观点和方法，分析它、批判它，把颠倒的历史颠倒过来"。国家是历史的产物，国家的兴衰存亡都以各种各样的方式刻录在历史中。新中国脱胎于拥有五千年文明的古中国，成长于风云变幻的国际时局中，交往于各类国家、各个民族、各种宗教，治国理政长治久安艰巨繁重。鉴于此，唯有深入了解历史，才能更好把握现在、感知未来，在"进行具有许多新的历史特点的伟大斗争"中，做到百战不殆。

后语

民为邦本，本固邦宁

历史唯物主义认为，人民是历史的创造者，群众是真正的英雄。如果世界上真的存在"铜墙铁壁"，那么只能是群众，"是千百万真心实意地拥护革命的群众。这是真正的铜墙铁壁，什么力量也打不破的，完全打不破的"。

自汉代董仲舒"罢黜百家，独尊儒术"之后，儒家思想便长期作为中国古代各王朝治国理政的指导思想。孔子开启儒家思想的先河，尽管在世时，领一众弟子周游列国，惶惶如丧家之犬，但是死后被尊为"圣人"，奉为"万世师表"，历朝皇帝封赐很多名头，最后一个叫"大成至圣先师文宣王"，直系子孙后代一直享受富贵荣耀。山东曲阜的孔庙、孔府、孔林是旧文人、旧官僚乃至皇帝争相朝拜的地方。当"青年闯将"把"孔孟之道"扫进历史垃圾堆且尘封多年后，阴阳造化又让孔夫子"穿越"回来。今天，孔子学院成为中国对外交往的一张名片。世界各国诸多学者都努力从孔子与儒家思想中汲取治国理政的营养。古人所说的"政"，即治国理政、国家政治。《论语·颜渊第十二》中有一段孔子和他的弟子子贡有关治国理政的对话，说出"为政三要"：

"足食，足兵，民信。"子贡说，"三要"能不能排一排先后秩序，孔子回答："去兵，再去食，民无信不立。"如此，取信于民，为政之本。

儒家思想能在诸子百家中脱颖而出，能被中国历朝历代确立并坚持作为指导思想，当然不是某个政要一时兴起，而是儒家学派人才辈出，思想不断丰富发展，成为一个完整体系。亚圣孟子说："民为贵，社稷次之，君为轻。"（见《孟子·尽心上》）只言片语，言简意赅，便道出为政之要，民为邦本，本固邦宁。孟子还说，统治者有"三宝"，即土地、人民、政事。"三宝"之中，人民排序最先，因为土地为人民生活基础，"宝土地"即宝人民。政事乃推行仁政、为人民谋福利的工具，所以"宝政事"也就是宝人民。治国必须得民心，理政应当顺民意。上下同欲，人民归心，不仅能治国，也能平天下。如果统治者以珠玉为宝，最终会殃及自身。孟子"三宝"与现代政治学认为国家建构三要素（即领土、人民、主权）相去不远，可以想见孟子思想乃至中华文化之先进。

荀子被看成战国时期儒家思想集大成者，他的著述、思想、言语至今被广泛沿用，不仅内涵丰富，形式也生动活泼。他说："天行有常，不为尧存，不为桀亡。"（见《荀子·天论篇》）注重人为，相信人可胜天，而不可消极无为，听天由命。"君者舟也，庶人者水也，水则载舟，水则覆舟。"（见《荀子·王制篇》）这是将孟子的"民贵君轻"思想直接做具体形象化表达，为历代明君良相所牢记。唐太宗李世民以之为座右铭，时时处处提醒自己，注意无形之水的力量，如此治国理政小心谨慎，如履薄冰、如临深渊，终于成就"贞观之治"，开启大唐雄风。中国历史上但凡有所作为的明君圣主，都会敬畏民力，也都会利用好民力。

民者水也，不只是儒家思想，也是道家主张。道家思想的主要代表老子（据说孔子问道老子，也被视为老子的学生）认为，世界万物柔弱莫过于水，而攻坚强者莫之能胜。古代人明白水滴石穿，今人用水可以切割各种最坚硬物质。中国古代思想如滔滔江河，治国理政思想不只是来自儒家，还有其他思想学派。但是，思想家们的宝贵思想（如民为邦本）并不能得到一贯重视，柔弱之水的巨大力量也很容易被忽视。从秦帝国二世而亡，到大清末代皇帝退位，后人总是"眼见他起朱楼，眼见他宴宾客，眼见他楼塌了"，何故？仁义不施，攻守之势异也。君视民为草芥，民以君为寇仇，万夫所指，岂有不亡之理。

刚柔相济，文治武功

1942年5月，毛泽东同志在延安文艺座谈会上发表讲话：我们的军队有两个司令，一个是朱（德）总司令，一个是鲁

（迅）总司令，一个管枪杆子，一个管笔杆子，既文化又武化，这正是我们从胜利走向胜利、战无不胜的重要原因。

"国虽大，好战必亡，天下虽平，忘战必危。"（见《司马法》）中国历史上，文治武功的经验教训十分丰富。《管子》说"甚富不可使，甚贫不知耻"，故须均富，唯有如此，才可以政治安定、经济繁荣。然而，国家仅富足无以自立，必须强兵。"君之所以卑尊，国之所以安危者，莫要于兵。"孔子也说"有文事者必有武备"，他本人也是文武双全，文韬武略，软的更软，硬的更硬，该软时软，该硬时硬，不只是打口水战、笔墨官司。统治国家必须采用刚柔并济、软硬兼施的两手，实现"文治武功"的目标。文治，以文教礼乐治理百姓，政绩斐然；武功，对外用兵，安邦定国，功绩卓著。

史册中，首入眼帘的文治武功当属"文景之治"和"汉武盛世"。文帝和景帝父子二人或许不是汉朝最有作为的皇帝，但他们在位期间，推崇黄老之术，采取轻徭薄赋、与民休息的政策，西汉经济和国力达到了一个空前鼎盛的局面。文景无为而治，天下太平，京师之钱累巨万，贯朽而不可校；太仓之粟陈陈相因，充溢露积于外，至腐败不可食。前朝文治，硕果累累，为后来汉武帝树立武功驱逐匈奴、开疆拓土，打下了坚实基础。中国历史，强汉盛唐，最为可圈可点，最令后人骄傲，汉人、唐人由此成了华人的同义词。强汉是谓前人文治而后人武功，盛唐则有前人武功而后人文治。李唐王朝建立后，为解除卧榻之侧隐忧，不给子孙留下后患，唐太宗以"天可汗"发号施令，东征西讨，大唐无敌国外患，励精图治，政通人和，及至玄宗遂成"开元盛世"。这应是继"文景之治"后，中国历史上的又一大荣景。在这期间，唐朝人口迅速增加，经济空前繁荣，周遭国家络绎来朝。

历史上，与重武功而轻文治的秦王朝形成鲜明对照的是，宋王朝重文治而轻武功。文学最能代表一个时代的风貌，反映一个时代的风气。宋朝很多皇帝不问也不懂国事，热衷舞文弄墨，写诗作词、书法绘画样样精通，搞得像个名士，而名士沉醉青楼，醉生梦死。"凡有井水处，皆能歌柳词。"看那个风流词人柳永的《望海潮》："东南形胜，三吴都会，钱塘自古繁华。烟柳画桥，风帘翠幕，参差十万人家。"引得金兵、蒙古兵垂涎南侵，而自身缺乏斗争经验，没有防护能力，却在大肆炫富，无异于抱薪救火、玩火自焚。抗金名将岳飞慨叹，文官不贪财，武官不怕死，何患天下不太平？然而，天下很不太平，宋朝屡屡遭受外敌欺凌，这恰恰说明当时的文官贪财、武官怕死这样一种令人颓丧的局面。一方面，经济繁荣，金银出锈，米面成酒，贯朽粟陈；另一方面，强邻入侵，畏敌如虎，城下之盟，割地赔款。

综观中国历史，有长久影响的帝国如强汉盛唐，抑或在一些朝代鼎盛时期，最高统治者或本身能文能武，或有得力的文臣也有能干的武将，赢得程度不同、长短不等的文治武功，尤其是最后一个清朝，由于夹杂着诸多"非传统"元素，后人的褒贬不一更是明显。清以区区不过百万人口，与拥有超过1亿人口的明朝对峙乃至对决。在其入主中原时，所谓"强大铁骑"也不过十几万。历史的望远镜显示，那不是清过强，而是明太弱。清朝前期的几个皇帝能文能武，上马杀敌，下马治国，该用武的地方毫不吝啬地大动干戈，收复台湾，平定准噶尔叛乱，击溃沙俄领土扩张，签订《尼布楚条约》。对于近亲蒙古这一长久的心腹之患，清朝采取修庙之策，让整个民族皈依佛门，正常每户留下一个男丁从事生产且传宗接代，其他悉数进入寺庙成为喇嘛。康熙在谈及治理蒙古经验时无不自豪地指出，一座喇嘛庙胜过十万大军。正是有这等厉害的文治武功，方才有所谓"康乾盛世"。

数目字与精细化管理

电视剧《康熙大帝》中皇帝与近臣私下对话说，政府拨款用于海塘河堤等基础设施建设，最后实际到位的，能有五六成资金，已经是很不错了，治国理政算是相当有效了。明主圣君如此，倘若遇到庸主昏君，其中折损可能高达七八成，最后只有两三成资金用于建设，贪污挪用吃空饷等各种巨大遗漏很正常。基建如此，赈灾等政府支出往往也是这样，从皇帝到相关官僚都心知肚明，也心照不宣，真是一本"比较清楚"的糊涂账。糊涂账成因有多方面，主观上管理治理意识模糊，"大而化之""差不多就行"，客观上缺乏精细化的技术方法与手段，从而难以精准施策，影响国家治理效能。

农业经济与农耕文明，难以实现由数目字体现的精细化管理，由五行说、天干地支说确立起的空间与时间，也是难以精确的，总是比较模糊，你能说滴漏与焚香比时钟计时更加精确？中国重视人与人之间的关系，重视内省，"吾日三省吾身"；重视人性，"人之初性本善"；重视道德人伦，"三纲五常"，习惯用道德评判是非曲直，而道德标准极富弹性，人性化管理、非刚性标准的结果就是模糊性；"万般皆下品，唯有读书高"，科举取士都是熟读四书五经的文人，没有分毫数目字概念；"四民"中斤斤计较的商人社会地位低下，没有话语权。相比较而言，现代工业文明重视人与自然的关系，重"奇技淫巧"，重契约法律，尤其是民法商法，细致入微，明文规定人的不平等，如早期英格兰法律规定，杀死一个普通自由人的偿命金是200先令，而杀死国王的偿命金则为2700先令，标价悬殊，但实施法律的程序必须公正。数目字精细化管理由此演绎而成，商业化由此兴盛。

古代中国，逐渐形成并长期贯彻盐铁国有体制、中央垄断金融体制、以土地和户籍制为基础的纳税体制，成为经济管理体制的三大支柱。官盐官铁多认为始于春秋时期，西汉时桑弘羊大力推行盐铁专卖制度，为历代王朝所沿用；中央垄断金融体制其实主要是钱币的铸造与发行，少数朝代发行过纸币、鹿皮币等信用货币，但是并不普遍，国家没有像银行这样的可以跨越时空实现精细化管理的专业机构，金融功能很弱，主要依靠前期积累与实时征税应对不测，能力有限又易于激化矛盾；以土地和户籍制为基础的纳税体制，直接针对个体小农及其农产品课税，课税成本高，税基小，税量有限。直到明清，国家一直以农业税等直接税收为主，工商业税收微不足道。农业帝国的经济制度与管理体制决定其财政毫无腾挪转移的余地，既不会（不能）发行公债，也不会（不能）实行赤字财政。一旦出现土地兼并（王朝中后期往往如此）、自耕农大量萎缩，税收就会大量减少。一般王朝后期，内忧外患加剧，内部镇压暴乱，外部御敌入侵，军费开支急剧上升，入不敷出，机器运转不灵，王朝覆灭。

从西欧经济社会发展中得到的重要启示是，严格细致的数目字管理，是经济商业化、资本化发展的主要基础与前提。数目字管理的集中体现是会计制度。唐宋时期经济繁荣，会计制度有了相当的进步，宋代设有三司会计司，总核天下财赋收入，记账方法主要是三脚账；明清时期出现龙门账，国内有学者指出，这一方法近似西方的复试记账法，但实际上相去甚远。复式记账法最早出现在 14 世纪、15 世纪的意大利北部城邦，这种会计制度不仅具有一般的核算、监督职能，更能促进信用制度和保险制度的发展，形成公共会计制度，使得会计成为通用的商业语言，促进商业资本主义在意大利城邦进而在西欧兴起。生产企业引进的复试记账法、生产的专业化和对生产资料利用的明细化、成本概念被正式提出和普遍运用，推动了工业资本主义的发展。德国著名诗人歌德赞美复式记账法是"人类智慧的绝妙创造"。马克斯·韦伯认为，复式记账法是现代资本主义兴起的先决条件和基础条件；离开复式记账法，不可能设想有资本主义。

数目字精细化管理落后导致税制落后。古代中国由于缺乏数目字精细化管理能力，统治阶级会竭尽一切办法，使社会越简单越好（如划分"四民"以限制流动等），而社会多元化是复杂经济、商业经济发展的必然要求。传统农业经济发展，剩余往往只有一个出口，就是购置田地，把地主家业做大，而不是用于商业化、资本化发展，政治重本抑末只是一个方面，另一个技术方面则是数目字精细化管理。尤其是像到南宋那样商业文明相当发达的时期，也未能走上经济商业化、资本化发展道路，管理技术（包括复式记账）落后应是更重要的原因。因为没有商业化资本化，财政主要靠创造价值（集中为农产品与手工艺品）课税，而不是资产增值课税。这样，经济繁荣尤其是城市化发展（中国古代城市化发展远远超过同时代的西欧），土地、房产、遗产的增值，被相关官僚、地主、寺院等利益集团占有，国家没有得到应得的财富，也没有有效地转化为国民福利。

落后挨打与千年变局

不重视数目字，缺乏精细化管理，是中国传统农业社会积弊的结果，也是近代中国没有自主走上资本主义道路的重要原因。一部中国正史，如二十四史，近乎都是王侯将相、才子佳人的历史，都是城头变幻大王旗的历史、改朝换代的历史。改朝换代也"有亡国，有亡天下"之分，顾炎武认为，"易姓改号，谓之亡国。仁义充塞，而至于率兽食人，人将相食，谓之亡天下"。实际上，顾氏所谓"亡国"仅仅是改朝换代，是封建统治集团内部的事情，相当于政治安全中之政权安全；而"亡天下"则是民族及文化的沦亡，关系到整个民族的命运，真正关乎国家安全。

从夏商周到元明清，中华大地多个民族走上政治舞台，建立了自己的王朝政权，其间的征服战、争夺战你来我往，"中原"变幻大王旗，也甚是惨烈。但是，今天看来，都应是"兄弟阋于墙""茶壶内的风暴"。其中，元、清等少数民族建立了中央政权，管辖广阔地域，统治众多人口。所谓"商女不知亡国恨，隔江犹唱后庭花"的喟叹，从今天的视角看来，商女没错，错的是诗人，诗人从华夷之辨、汉民族中心角度，从所谓儒家正统角度来看待

"国家"，其实都是王朝。最后一个王朝，即满族人建立的大清王朝，国土广袤，鼎盛时期超过 1500 万平方公里，疆域比汉民族建立的任何一个王朝都大，人口在帝国崩溃之际是建立之初的 3 倍，即从 1.5 亿增加到 4.5 亿，比中国历史上任何一个时期都要多，这个"大块头"奠定了近现代中国作为世界大国的根基。更为关键的是，清朝虽然为旗人保留了一些特权，但是在整个国家治理上，用儒家正统思想为指导，国家利益（统治阶级利益）高于民族利益。例如，对于蒙古这个心腹大患，康熙大帝采取了典型的中央集权思想，而不是狭隘民族主义，他用怀柔政策，极大地减少了蒙古对中央政权的威胁。今天，从中华民族融合发展视角看，康熙大帝的做法非常有争议，但是我们看问题，尤其是历史问题，一定要结合时代背景，不可泥今判古，随意裁剪。

然而，1840 年之后，国家民族之情形命运截然不同，"中国近代史，是一部充满灾难、落后挨打的悲惨屈辱史"。西方列强、帝国主义乃真正的外族入侵，使中国日渐陷入半殖民地半封建深渊，人民被屠杀，民族被蹂躏，财富被掠夺，经济被剥削，社会被分裂，国土被分割，文化被否定，出现了前所未有的亡国灭种危机，是谓"三千年未有之大变局"。今天看来，真正的"国家安全"应当从鸦片战争开始。第二次鸦片战争，英法联军合计不过 7000 人，但是雇佣了数以万计的"潮州勇士"充当马前卒，沿海诸多商人与民众为侵略联军提供补给。孙中山在《军人精神教育》一文中指出："英法联军因鸦片事件与中国构衅，英国即招中国广东潮州人为兵，号称潮勇者，使之攻大沽，攻天津，攻北京。"这些"潮勇"以及相关商人与民众，没有国家观念，只有王朝思想，推翻清政府，求之不得。"驱除鞑虏"曾经是同盟会的政治纲领，日本帝国主义狼子野心，资助反清革命，好让中国内乱，而后浑水摸鱼，占领吞并中国。日本帝国主义利用中国内讧内乱是一方面，少数中国人甘心被利用则是另一方面。由此可见，近代以来，中国才有真正的国家安全，而国家安全一开始就有复杂的成因。辩证唯物主义表明，外因是变化的条件，内因是变化的依据，外因通过内因起作用。小国多亡于外患，大国多亡于内乱，言简意赅，发人深省。

正是有鉴于此，毛泽东同志在《论持久战》一文中预言，胜利一定属于中国和中国人民，条件首先是"我们的团结""国内各阶级的团结"。习近平同志强调："团结是铁，团结是钢，团结就是力量。团结是中国人民和中华民族战胜前进道路上一切风险挑战、不断从胜利走向新的胜利的重要保证。"

结语

"明者远见于未萌，而智者避危于无形。"研究历史，并不是为古人传名声、立不朽，而是为了把历史的光影投射到现在，照耀到未来。历史使人聪明，以史为鉴可知兴替，更可见微知著、避危无形、转危为安。

近代著名史学家夏曾佑在《中国古代史》一书中对中国历史有精辟概括："中国之教，得孔子而后立；中国之政，得秦皇而后行；中国之境，得汉武而后定；此三者乃中国之所以为中国也。"这里似乎缺少了孟子所强调"三宝"（土地、民众、政事）中的"人民"，实际上教化、政制、境域三者均指向民众，教化民众，治理民众，境域则是容纳民众。纵观中国历史，但凡能够确立（以儒家为代表的）系统教化，奉行（为秦皇所奠基的）"封建"政制，拥有（像汉武帝所开拓的）广袤境域，三者兼备，则国家（王朝）既强且盛，国祚绵长，如汉如唐；倘若能得教化、政制其二者，则国家（王朝）尚可苟延残喘，甚或实现富庶繁荣（如晋如宋）；倘若失去教化，或"政怠宦成"或"人亡政息"，则国将不国，危在旦夕。

从孔孟到夏曾佑，两千多年间中国古代可以说有一个比较系统的国家安全观，但是一个相对静止与封闭的安全观，这种安全观到了近代遭遇西方资本主义制度与工业文明后，迅即败下阵来，经不起新的国际斗争的检验。自以为是的泱泱大国被近代西方人看作是"在世界历史的局外"（黑格尔语）、"静止的中华帝国"（韦伯语）。这样，中国在漫长的中古时代创造灿烂辉煌之后，便早已陷入一种持久的停滞，一种"文不成"又"质不行"的尴尬困境，既不能向前推进到商业主义、资本主义甚或帝国主义，又不能返璞归为上古天真或躲进世外桃源，而且在尴尬困境之外，还有不断挨打的窘境，更有亡国灭种之危。

有道是，发展是安全的基础，安全是发展的条件。只有等到新中国推翻了三座大山，才能真正做到发展与安全的统一。"落后就要挨打，贫穷就要挨饿，失语就要挨骂。形象地讲，长期以来，我们党带领人民就是要不断解决'挨打''挨饿''挨骂'这三大问题。经过几代人不懈奋斗，前两个问题基本得到解决，但'挨骂'问题还没有得到根本解决。"解决失语挨骂问题，是从站起来、富起来到强起来这一新的历史时期的必然要求。有鉴于此，习近平总书记强调："当前我国国家安全内涵和外延比历史上任何时候都要丰富，时空领域比历史上任何时候都要宽广，内外因素比历史上任何时候都要复杂，必须坚持总体国家安全观，以人民安全为宗旨，以政治安全为根本，以经济安全为基础，以军事、文化、社会安全为保障，以促进国际安全为依托，走出一条中国特色国家安全道路。"

"明者因时而变，知者随事而制。"中国特色国家安全道路既有基于新时代的创新，也有对古今历史的传承和发扬。习近平总书记提出的总体国家安全观比历史上任何封建王朝统治阶级的治国安邦主张都更为丰富、更为全面、更为科学，把我们党对国家安全的认识提升到一个新的境界和高度。它不仅是中国共产党人治国理政思想和能力的重要体现，也是指导新时代国家安全工作的强大思想武器，必将科学引领中国未来的安全发展与发展安全，对我们实现"两个一百年"奋斗目标、实现中华民族伟大复兴的中国梦，具有十分重要的意义。

参 考 文 献

1. 《毛泽东年谱》(1949—1976) 第六卷，中央文献出版社 2013 年版。
2. 《毛泽东选集》(第五卷)，人民出版社 1977 年版。
3. 习近平总书记系列重要讲话，共产党员网，http://news.12371.cn。
4. 顾炎武：《日知录集释（上册）》，上海古籍出版社 1985 年版。
5. 黄仁宇：《万历十五年》，生活·读书·新知三联书店 1997 年版。
6. 黄宗智：《长江三角洲小农家庭与乡村发展，1368—1988 年》，中华书局 1990 年版。
7. 彭慕兰：《大分流：欧洲、中国及现代世界经济的发展》，江苏人民出版社 2003 年版。
8. 卢麒元：《伤于财政毁于金融》，作者博客，2012 年 7 月 14 日。
9. ［英］哈尔福德·麦金德著，武原译：《民主的理想与现实》，商务印书馆 1965 年版。
10. ［英］安东尼·吉登斯著，田禾译：《现代性的后果》，译林出版社 2000 年版。
11. ［德］贡德·弗兰克著，刘北成译：《白银资本重视经济全球化中的东方》，中央编译出版社 2005 年版。
12. ［德］弗里德里希·李斯特著，邱伟立译：《政治经济学的国民体系》，华夏出版社 2009 年版。
13. ［德］G. 齐美尔著，许泽民译：《货币哲学》，贵州人民出版社 2009 年版。

图书在版编目（CIP）数据

历史与国家安全 / 总体国家安全观研究中心，中国现代国际关系研究院著. —— 2 版. —— 北京：时事出版社，2025.6. —— ISBN 978-7-5195-0585-1

Ⅰ.D631

中国国家版本馆 CIP 数据核字第 2025057CJ671 号

出版发行：时事出版社
地　　址：北京市海淀区彰化路 138 号西荣阁 B 座 G2 层
邮　　编：100097
发行热线：（010）88869831　88869832
传　　真：（010）88869875
电子邮箱：shishichubanshe@sina.com
印　　刷：北京良义印刷科技有限公司

开本：710mm×1000mm　1/16　印张：17.75　字数：202 千字
2025 年 6 月第 2 版　2025 年 6 月第 1 次印刷
定价：78.00 元

（如有印装质量问题，请与本社发行部联系调换）